EU E NÃO OUTRA

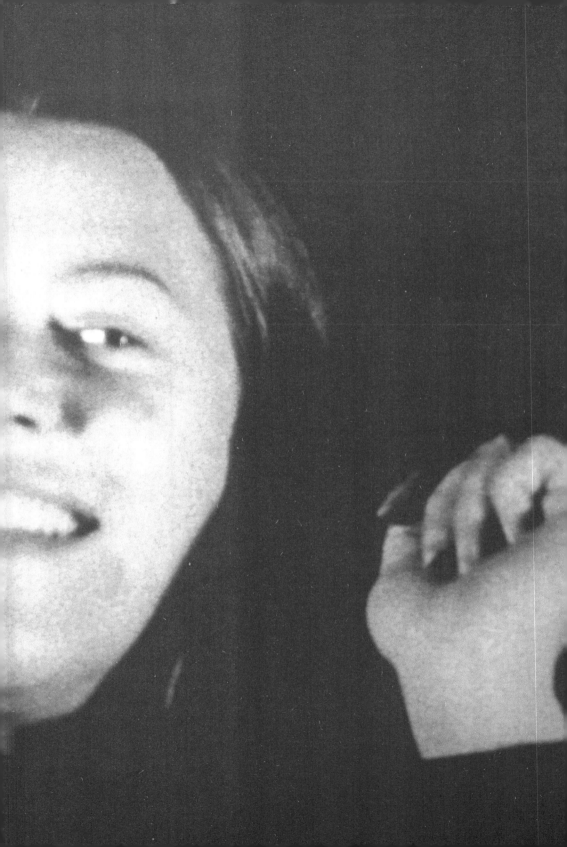

TORDSILHAS

EU E NÃO OUTRA
a vida intensa de HILDA HILST

LAURA FOLGUEIRA E LUISA DESTRI

"Porque não há tempo, você sabe, nós pensamos que o tempo é generoso mas nunca existe muito tempo para quem tem uma tarefa."

(*Fluxo-Floema*, Hilda Hilst)

Hilda Hilst se perguntava o tempo todo. Como várias das estranhas figuras que passeiam pelos seus livros, ela era movida principalmente por interrogações. "Como queres que eu não pergunte se tudo se faz pergunta?", coloca uma de suas personagens, ecoando uma questão que, de certo modo, resume tanto a sua literatura quanto a sua biografia.

Desde pequena, ela se destacou pela capacidade de questionar. No Colégio Santa Marcelina, em São Paulo, onde estudou a partir dos 7 anos, sempre tinha perguntas a fazer – até mesmo quando a professora colocava problemas comuns de aula de matemática:

— Tenho três galinhas. Uma, enquanto eu estava caminhando, se perdeu. A outra morreu. Quantas galinhas sobraram?

A garota era a primeira a rebater:

— Mas por que a galinha morreu? E a outra? Como é que alguém pode perder uma galinha? Quem estava tomando conta dela não sabe dar explicações?

Na rotina da escola católica, ambiente recriado muitas vezes em seus escritos, nem as orações se salvavam das dúvidas. "Virgem santíssima, Virgem antes do parto, Virgem no parto, Virgem depois do parto", rezavam as meninas, conduzidas pelas irmãs. A pequena Hilda perguntava:

— O que isso quer dizer? O que é virgem? O que é parto?

— Isso é para decorar — respondiam as irmãs.

Suas perguntas eram recebidas como uma afronta à religiosidade. Com seu desejo precoce e irrefreável de a tudo conhecer, Hilda desafiava o que por vezes se entende como a verdadeira fé – acreditar sem compreender. Sua heterodoxia, porém, não podia ser tomada como heresia, embora seja verdade que mesmo sua relação com Deus fosse muito especial e reinventada – em seus livros, ele recebe nomes tão surpreendentes como Tríplice Acrobata, Lúteo Rajado, Grande Incorruptível, Sorvete Almiscarado... Assim como recriava sua ideia de Deus, a escritora associava a capacidade de questionamento a uma espécie de misticismo: "Todo ser que se pergunta em profundidade passa a ser religioso", acreditava.

A relação incomum que Hilda mantinha com a religião ressurge na foto da página ao lado, da década de 1960, quando mudou para a Casa do Sol, em que está vestida de freira. Sobre a blusa castanha, leva um crucifixo. Na cabeça, um lenço branco serve de véu.

Posa para um registro feito, provavelmente, pouco tempo depois da mudança para a propriedade em Campinas, no interior de São Paulo, onde viveria até sua morte, em fevereiro de 2004.

É fácil acreditar na verdade dessa imagem. A casa foi desenhada pela escritora com inspiração na arquitetura de mosteiros carmelitas – ordem religiosa que tem no hábito marrom a sua vestimenta característica. Na expressão de Hilda, não há qualquer traço de jocosidade. Embora ainda jovem, ela já não encarna a mulher atraente de vinte e poucos anos das fotos mais antigas, da década de 1950, em que aparece quase sempre lânguida, com cabelos loiros bem penteados e roupas elegantes.

Em certo sentido, ao vestir-se de freira e posar em frente à casa que construíra em lugar isolado, Hilda anuncia uma conversão. Ela se retira da badalada vida na capital paulista, com suas viagens, festas, jantares e, sobretudo, seus amores – a jovem poeta teve casos ou se relacionou com muitos homens da alta sociedade paulistana, nos anos 1950. No interior, a escritora "puxa os cabelos para trás" e "começa a usar batas e a se enfear". Na Casa do Sol, inicia seu sacerdócio: uma vida inteiramente dedicada à criação de sua literatura.

Mas poucas vezes esse ministério se tornou de fato reclusão. Hilda viveu rodeada de amigos, recebeu figuras como Caio Fernando Abreu, teve intensos relacionamentos amorosos e experimentou formas inusitadas de tentar o contato com o outro. Ela nunca poderia ter sido santa. Gostava demais dos prazeres terrenos, e sua grande preocupação era a obra que deixaria. Sabia que era grande, embora não tenha tido tempo de ver o importante lugar que passaria a ocupar no cânone da produção literária brasileira. Construindo a si mesma à imagem de sua obra, ela se tornaria, também, uma figura emblemática, espécie de retrato da escritora excêntrica.

A partir de sua conversão, a "aflição de ser eu e não ser outra", descrita em poema em 1959, deixou de perturbá-la: com sua capacidade de pensar com liberdade e antecedência, sabia que toda a sua vida – desde a infância em Jaú e Santos – seria uma caminhada em direção ao lugar onde queria e deveria estar.

Hilda Hilst nunca teve medo de admitir o que achava do trabalho ao qual dedicou toda uma vida: "Eu me acho uma escritora maravilhosa. Uma prosadora, poeta e dramaturga de primeira qualidade. Eu gosto de saber que me propus e fiz esta tarefa na Terra".

1 O CASAMENTO IMORAL **18**   **2** INICIAÇÃO **36**

5 THE MEN I LOVE **96**   **6** KAFKA, VOCÊ ESTÁ ME OUVINDO? **112**

9 *POTLATCH* **158**   **10** TER SIDO **172**   POSFÁCIO **207**

3 UM AMADO SENHOR 58 **4** TRANSMUTAÇÃO 70

7 A OBSCENA SENHORA HILST 126 **8** ESTAR SENDO 138

BIBLIOGRAFIA 215 CRÉDITO DAS IMAGENS 226

1

O CASAMENTO
IMORAL

Aos 32 anos, o fazendeiro paulista Apolônio conheceu, no Rio de Janeiro, Bedecilda Vaz Cardoso, uma das raras mulheres emancipadas daquele tempo, que acabava de chegar a Jaú acompanhada de seu filho, Ruy, e separada de seu primeiro marido. Não se sabe ao certo a data em que Bedecilda e Apolônio, apaixonados, decidiram ser uma família – nunca chegaram a se casar legalmente. Casar-se duas vezes era algo pouco comum naquele começo de século, especialmente em uma cidade do interior de São Paulo, como Jaú.

Era o ano de 1928, e ela vinha de Barbacena, no interior de Minas Gerais, onde havia sido casada com Franklin Cardoso, pai de Ruy. O casal teve também outras duas filhas: Clarinha e Emília, que morreram ainda pequenas. Não se sabe o motivo da separação. Quando saiu da cidade, Bedecilda mudou-se para Jaú. Na cidade dos cafeicultores, estabeleceu-se, com seu novo companheiro, em uma casa à rua Saldanha Marinho. Os parentes de Apolônio moravam todos por ali; era uma região da cidade conhecida por abrigar os Hilst. Foi nesse local que, às 23h45 do dia 21 de abril de 1930, nasceu Hilda Hilst, a única filha do casal. A reação de Apolônio, ao saber que era uma menina, foi responder: "Que azar!".

Não se sabe a idade da mãe quando Hilda nasceu. Bedecilda possuía muitas certidões diferentes e até mesmo contraditórias – é certo apenas que nasceu na cidade do Porto, em Portugal, e instalou-se em Barra Mansa, Rio de Janeiro, quando chegou ao Brasil (segundo outra certidão, falsa, local de seu nascimento). Madame Cardoso, como era chamada, fazia questão de esconder sua verdadeira idade. Não a revelava nem mesmo para a família. De acordo com outra das muitas certidões, teria nascido em 1918 – apenas dois anos antes de seu filho Ruy. Foi, certamente, uma manobra da vaidade de Bedecilda.

No começo do século XX, os 15 mil habitantes que andavam pelas ruas de paralelepípedo de Jaú eram, em sua maioria, agricultores. Em fazendas nos arredores da cidade, criavam bovinos, suínos e ovelhas. Cultivavam milho, mandioca, algodão, cana-de-açúcar e, principalmente, café, cultura iniciada por volta de 1860 e transformada rapidamente na mais importante da região. Um desses fazendeiros era Apolônio, filho de Eduardo Hilst e Maria do Carmo Ferraz de Almeida Prado, nascido em 1897.

Os Almeida Prado, a mais tradicional família de Jaú, dominavam política e financeiramente a cidade desde sua fundação, em 1889. A família Hilst não tinha o mesmo prestígio. O pai de Apolônio, Eduardo, era um imigrante de Lille, cidade francesa na região da Alsácia-Lorena, próxima à fronteira alemã. Eduardo veio sozinho para o Brasil, na segunda metade do século XIX, e, em Jaú, casou-se com Maria do Carmo. Depois de estabelecidos, os Hilst fizeram o mesmo que quase todos os outros moradores da cidade: tornaram-se fazendeiros. Em 1925, a família comprou duas fazendas, pagando por elas 900 contos de réis: Olhos D'Água e São Sebastião, localizadas na área rural de Itapuí, então chamada Bica da Pedra, cidade vizinha a Jaú.

Na Olhos D'Água, uma área de 350 alqueires à beira do rio Tietê, Apolônio e outros oito membros da família Almeida Prado Hilst chegaram a cultivar em torno de 300 mil pés de café. Juridicamente, todos os donos da fazenda passaram a constituir a Sociedade Civil e Agrícola Irmãos Hilst. Com a crise de 1929 e a desvalorização da saca de café, que passara de 200 mil réis a 5 mil, a fortuna da família se fragmentou. Apolônio, principal gestor das fazendas, foi quem mais sofreu prejuízo. A Olhos D'Água foi a única propriedade que se manteve nas mãos da família Hilst.

Na década de 1920, a cidade onde Apolônio crescera ainda era um pequeno povoado. Mas os interesses do agricultor estavam além das fronteiras do lugar – seus olhos buscavam o fervor cultural existente a 296 quilômetros dali, na capital paulista.

Interessado no movimento modernista, começou a escrever cartas, sob o pseudônimo de Luís Bruma, para o *Correio Paulistano*, onde trabalhava Menotti Del Picchia. Os textos discutiam a arte e suas formas, seu descontentamento com a situação da poesia de então e sua euforia com os novos caminhos literários brasileiros, principalmente o modernismo e o futurismo.

A maioria das cartas, endereçadas aos responsáveis pela Semana de Arte Moderna – Oswald de Andrade, Menotti, Mario de Andrade –, ficou sem resposta. Apenas Mario dedicou-se, por vezes, a responder, em tom amigável, para Apolônio. Em uma das cartas, o autor relata seus problemas de saúde e chama seu interlocutor de "amigo Luís Bruma", tentando responder aos questionamentos de Apolônio: "Anuncia-me você uns problemas estéticos que o torturam. Gosto de problemas dessa ordem. Discutamo-los. Desta troca de fôrças [sic] e perguntas só teremos o benefício de adquirir maior musculatura".

Uma das cartas de Apolônio, escrita para Oswald, rasgava-se em elogios à revista *Klaxon*, símbolo do movimento modernista que, em Jaú, provavelmente só Apolônio conhecia – e assinava. O fazendeiro chegou até a publicar artigos sobre poesia e futurismo, sua corrente estética preferida, no *Commercio de Jahu*.

Mesmo sem grande reconhecimento dos representantes do movimento a que voluntariamente aderira, Apolônio continuou escrevendo ensaios, poesias e até romances, certo de que sua produção se equiparava à de seus admirados. Em uma de suas cartas, compara-se com Monteiro Lobato, declarando-se descontente com o autor e dizendo ter vontade de largar tudo – a fazenda, Jaú, a família – e tomar seu lugar. No entanto, como explicaria mais tarde, não o fez. Mario de Andrade, "tão bom quanto" ele próprio, Apolônio, já havia se tornado o expoente do movimento.

Após o casamento, Apolônio se mostraria um homem fora do padrão em situações corriqueiras. Todas as noites, em pé sobre a mesa de madeira da sala, ele lia *O Estado de S. Paulo* – em vez de comprar um abajur, aproximava o jornal do lustre, acreditando ser a forma mais confortável para sua leitura.

A menina Hilda conviveria pouco com o pai. Dois anos após seu nascimento, com o fim do relacionamento entre o casal, Bedecilda se mudaria, com a filha caçula e Ruy, para Santos. Em um dos ensaios de Apolônio, é possível buscar uma hipótese teórica que explique o rompimento: "O casamento é uma imoralidade. Não é seu maior mal. Porque é também uma vaudevilesca grosseria. Faz do que temos de mais sagrado, o amor, uma coisa legal, isto é, pública e indecente".

Na prática, a convivência entre Bedecilda e Apolônio nunca havia sido fácil. Ora ele a tratava de forma violenta, ora não a reconhecia. Com seu enteado, Ruy, comportava-se da mesma maneira. Ao vê-lo na casa, perguntava quem era aquele "turquinho", sem nunca ter explicado a ninguém de onde veio o apelido. Quando Bedecilda engravidou, sua filha quase foi registrada sem pai. Apolônio não acreditava que Hilda era filha dele, e demorou a aceitar fazer o registro. Por pouco, não ficou conhecida como Hilda Cardoso.

Ler o jornal em pé sobre a mesa ou comparar-se com ícones do modernismo deixaram de ser apenas manias: em 1935, Apolônio foi diagnosticado esquizofrênico paranoico, e passaria o resto da vida entrando e saindo de hospitais psiquiátricos. Teria sido visto, em um desses intervalos, em um bordel – realizando, contudo, atividades pouco comuns para o local: Apolônio teria pedido a companhia das mulheres, e apenas sua companhia, para deleitar-se com os livros que levara para ler na cama.

Apolônio, que sempre se questionara sobre o que ocorreria à alma na loucura, pôde submergir nela. Mas, na memória da filha, o pai esquizofrênico daria lugar à figura de homem ideal, a quem Hilda procuraria em suas relações. Nas fotos, sempre bonito e bem arrumado. Nos relatos da mãe, objeto de grande paixão. A filha chegaria a dizer, mais tarde, que procurava nos companheiros a "máscara fechada, aquela emotividade extremada, mas incontida", que percebia em seu pai. Para Hilda, haveria uma característica a admirar, acima de tudo: ele era um pensador, poeta, admirador da literatura.

A maior parte dos escritos de Apolônio perdeu-se com o tempo, e o que restou ficou guardado nos arquivos da família. Mas Hilda guardaria para sempre o que lera do pai, como uma de suas maiores influências – um fator definitivo, mais tarde, em sua escolha por tornar-se escritora: "Escrever, então, é para mim

" Se você tiver a sorte de ter um lindo pai louco, a coisa pode dar certo. Agora, se não for tão louco ou nem tão esteticamente bem, você tem que descobrir, em algum lugar, alguém que vá fazer com que você sobreviva.

sentir meu pai dentro de mim, em meu coração, me ensinando a pensar com o coração, como ele fazia. Afeto, saudade, coração, mente, compaixão, busca, terror, pessimismo e, paradoxalmente, quem sabe, a esperança de chegar um dia a ter esperança [...] tudo envolto pela pátina (ou melodia?) da saudade do meu pai".

Apesar do pouco contato que tinham, Apolônio escreveu cartas à filha – que ainda não sabia ler –, declarando seu amor por ela e chamando-a de "bellezinha [sic] do Gonzaga", referência ao bairro em que Hilda morava em Santos: "Hilda – filha do meu amor, vá preparando sua mamãe para uma viagem comigo. Diga-lhe que muito em breve irei buscar a minha Bellezinha do Gonzaga para levá-la ao paiz [sic] das bonecas – onde tudo é sonho e beleza". Ao fim da carta, manda beijos a seu irmão, Ruy. À mãe, diz ele, não precisa, pois "ela não gosta de mim".

Apesar das promessas, a viagem nunca aconteceu. Na realidade, Apolônio visitou a família que o havia deixado para trás apenas duas vezes, e muito brevemente. Em uma delas, levaria de presente à filha um cavalo de pau. Hilda voltaria a encontrá-lo apenas aos 16 anos.

A mudança para Santos acontecera de forma repentina, durante uma viagem de Bedecilda e seus filhos no verão de 1932. Hospedada no Hotel Bandeirantes, a família passou duas semanas visitando a cidade. Satisfeita com os passeios e o clima litorâneo, a mãe deixou Ruy, de 12 anos, tomando conta da irmã mais nova por alguns dias, e foi a Jaú buscar todos os pertences. De volta a Santos, anunciou aos filhos que estavam de mudança para uma casa alugada na rua Vicente de Carvalho, 32, a duas quadras do hotel. Para sustentar a família, Bedecilda passou a receber de

Apolônio uma pensão mensal, fruto da renda das fazendas de Jaú. A avó paterna de Hilda, Maria do Carmo Ferraz de Almeida Prado, nunca tinha gostado muito do casamento de Bedecilda e Apolônio; ainda assim, custeou parte dos estudos da neta.

Em Santos, Hilda foi matriculada no jardim de infância do Instituto Brás Cubas, localizado à mesma rua onde moravam, quatro quarteirões adiante. Aos fins de semana, um dos programas favoritos de Hilda eram os bailes do Clube XV, também no Gonzaga. Como era muito pequena – estava com cerca de 6 anos –, quem a levava era o irmão Ruy. Hilda estava sempre vestida em fantasias costuradas pela mãe e por uma vizinha, que as crianças carinhosamente chamavam de Tia Marcília.

Em 1937, com sete anos, Hilda foi para São Paulo, estudar como interna do Colégio Santa Marcelina, localizado na rua Cardoso de Almeida. Lá, entrou em contato com a rotina católica das freiras, responsáveis pelas meninas e pelas aulas.

Não foi fácil convencer as freiras a aceitarem Hilda no colégio: sua mãe era separada – e, ainda por cima, duas vezes! A menina só foi admitida porque Bedecilda conhecia a diretora. Ao saber a história da nova aluna, não foram poucas as mães que protestaram, nada felizes em ver suas pequenas estudando com a filha de uma mulher desquitada. Mas a diretora, novamente, defendeu a família, e Hilda continuou no Santa Marcelina.

Madame Cardoso era uma mulher determinada. Seu olhar, firme e poderoso, assustava qualquer um – especialmente quando vinha acompanhado dos dizeres: "Você experimente" ou "Você não ouse me impedir!". Seu comportamento despojado causava estranhamento, sobretudo, nas mulheres bem casadas da alta sociedade paulistana. Aparentando ser mais nova do que era, com sua beleza, sua conduta fora dos padrões e suas conversas extrovertidas, Bedecilda era lida, muitas vezes, como uma ameaça às boas esposas.

Esse comportamento livre demais para a época é a origem provável de muitas das histórias sobre Bedecilda – por exemplo, que seu padrão de vida era mantido justamente por seus amantes. Seus romances teriam lhe rendido a Fazenda São José, propriedade entre Mogi-Mirim e Campinas que se tornaria herança de Ruy e Hilda, e seus apartamentos em São Paulo – um no Parque Dom Pedro II, utilizado pela filha, e um na avenida Doutor Vieira de Carvalho, no centro da cidade.

Na vida adulta de Hilda, parte do dinheiro que custeava seu alto padrão de vida vinha de Bedecilda. Isso incluía roupas dos melhores costureiros da cidade, como Denner, Maria Augusta e Clodovil, limusines, motoristas e empregados. Ela parecia ir pelo mesmo caminho da mãe: antes de receber o que seu pai lhe deixara, seus namoros permitiram uma viagem à Europa e o trânsito fácil em locais frequentados pela alta sociedade.

Às alunas, era permitido sair do colégio apenas um domingo por mês. Um membro da família deveria ser responsável por pegá-las às 8 da manhã e trazê-las de volta às 5 da tarde, em ponto, ainda que um pouco tristes por voltar à escola. Como Bedecilda continuava morando em Santos, cabia a Ruy, novamente, a função de pajem da pequena Hilda Hilst.

Era a menina falante e sempre disposta a sair do colégio quem decidia os programas da vez. Se Shirley Temple, estrela hollywoodiana da época, estivesse em cartaz, a escolha de Hilda não surpreenderia seu irmão: passariam a tarde nas grandes poltronas de couro do luxuoso Cine Rosário – a irmã preferia sempre se sentar no *foyer*, de onde podiam assistir melhor aos filmes. A sala de exibição ficava no Edifício Martinelli, onde havia também sedes de jornais, clubes, sindicatos e até boates. Considerado um símbolo da cidade, o prédio, localizado entre a avenida São João e as ruas Líbero Badaró e São Bento, atraía, durante os fins de semana, a mais alta sociedade paulistana. Ruy gostava também de levar a irmã para tomar um sorvete. Podiam esticar, então, até a Leiteria Pereira, uma casa requintada no largo São Bento, que funcionou com esse mesmo nome de 1884 a 1976. Hilda gostava muito, ainda, da Confeitaria Vienense, na rua Barão de Itapetininga.

A melhor amiga de Hilda no colégio, Teresinha Paula Leite, acompanhava os filhos de Bedecilda. Como seus pais moravam no interior paulista e não podiam visitá-la todos os meses, deram uma autorização para que Ruy a pajeasse também. Hilda tomou para si a atribuição de cupido, decidida a convencer o irmão, dez anos mais velho, a namorar Teresinha, que desenvolveu uma paixão infantil e platônica por ele. Mas, ao fim, o esforço de Hilda não teve êxito.

Embora gostasse muito da companhia do irmão e da amiga, Hilda apreciava também a solidão. Quando estava com seus brinquedos, preferia não dividi-los com ninguém. Tinha mania de examinar bichos pequenos, insetos. Observava as árvores, as plantas. Hilda sofria com o internato e a distância de sua mãe. Por se sentir sozinha, um de seus locais preferidos no Santa Marcelina era a capela. Desde criança, perguntava-se muito a respeito da morte – o que se tornaria um tema fundamental em sua literatura.

Ainda longe de se tornar grande poeta, a pequena Hilda tentou impressionar Bedecilda com alguns versos. Copiou um poema sobre boninas, flores do campo, em seu caderno, e disse à mãe que era seu. Tempos depois, Bedecilda descobriria a traquinagem, esquecendo o orgulho que sentira da filha.

Mas a garota conseguiu compensar. Aos 8 anos, escreveu a Bedecilda:

Querida mamãe:
Ofereço este versinho no dia de hoje.
Esta festinha bonita,
Esta doce expressão,
Que comanda a mamãe
No meu doce coração.
Perdão mamãezinha se não posso oferecer-lhe
   uma coisa melhor.
Desculpe
A simplicidade
de minha carta

Leitora voraz desde criança, Hilda tinha gosto por biografias de santas. De tanto ler sobre o assunto, a menina ficou com uma vontade: *ser* santa. Na menor das possibilidades, freira. Um de seus hábitos já apontava para essa predisposição: Hilda passava horas ajoelhada, rezando, chamando por Deus. As freiras da escola, porém, a desencorajaram. Achavam que Hilda não tinha vocação e dedicação suficientes – embora dissessem que ela seria santa ou demônio.

Ela admirava uma santa em especial: Margarida Maria Alacoque (1647–1690), francesa que se recusou a casar, entrando para o Convento de Paray-le-Monial em 1671. Margarida tinha visões constantes de Cristo, e teria sido eleita para propagar o Sagrado Coração. Mas havia um problema: toda vez que Hilda ouvia como Santa Margarida bebia a água dos leprosos, vomitava. Levava bronca das freiras, claro. Aos poucos, a vontade de ser santa foi passando.

As represálias que recebia no colégio não paravam por aí. Certa vez, Hilda roubou o vinho de um dos padres – que usaria a bebida durante a missa, para a eucaristia – e bebeu. Foi pega e, naturalmente, castigada.

Em outra ocasião, à diretora do colégio, que lhe ordenara abaixar a cabeça, teria dito:

— Abaixo a cabeça somente para Deus.

Como castigo, ficou dando voltas no refeitório, durante as refeições, até que pedisse desculpas – o que seu orgulho, já expresso no motivo da briga, não lhe permitia fazer com facilidade.

De fato, Hilda não poderia ser santa. Mesmo sem ter consciência, já representava um grande desafio à Igreja. Aos 9 anos, encantou-se com um par de livros grandes e bem encapados, que encontrou na coleção de sua mãe. Entusiasmada, levou-os ao colégio, para mostrar às freiras – que reagiram, atônitas:

— Mas que é isso? Darwin na mão dessa menina tonta!

A cena, além de ter sido descrita por Hilda diversas vezes depois, tornou-se um dos momentos da peça *A empresa*, que ela escreveria dali a cerca de trinta anos. Grande parte de seu teatro, aliás, como *O rato no muro*, retomaria o ambiente do internato e sua relação com as freiras.

Hilda deixou no Santa Marcelina uma impressão peculiar. Na década de 1980, seu primo, o compositor José Antônio de Almeida Prado, que passou a ministrar aulas de música no colégio, perguntou a uma das freiras se ela se lembrava da garota. Sim, havia uma vaga memória:

— Nossa, eu me lembro de uma menina que sabia o dicionário inteiro de cor!

Uma Hilda Hilst nada santa saiu do Santa Marcelina e ingressou no Instituto Presbiteriano Mackenzie, em 1945, onde cursou o clássico (hoje, ensino médio). As dificuldades de Hilda com os números se manteriam por todo o colégio. Um professor, durante uma das aulas em que se reuniam as turmas do curso clássico e do curso científico, questionou a futura escritora na última prova do colégio:

— A senhora, dona Hilda, vai fazer o quê?

— Vou fazer Direito — respondeu a garota, então com 17 anos.

— A senhora jura para mim que nunca vai construir uma ponte? Porque, se fizer o que a senhora fez aqui na lousa, é para cair tudo — explicou-se o professor. — A senhora me promete? Eu deixo a senhora passar porque é aplicada, mas isso cai tudo!

Durante uma dessas aulas, foi justamente de um futuro famoso urbanista que Hilda se aproximou. Jorge Wilheim, com quem Hilda se encontrava nas aulas comuns, estabeleceu boas conversas com a garota, principalmente sobre literatura e cinema, assuntos que a interessavam, mas que não conseguia compartilhar, por exemplo, com as amigas.

Hilda era boa aluna, discreta. Costumava obter boas notas e mantinha relações respeitosas com os professores. Talvez por isso Jorge tentasse, em todas as aulas, conversar com ela. Mas só em sala: na hora do intervalo, se a inspetora os visse conversando, poderia separá-los. Afinal, meninos e meninas não se misturavam no pátio do colégio.

Uma das estratégias de aproximação adotadas por ele foram as análises de caligrafia, que seu professor particular de inglês lhe havia ensinado. Nas letras redondas de Hilda, revelavam-se o bom gosto e a propensão ao sonho e à imaginação.

— Você acertou, é isso mesmo — respondia Hilda, impressionada.

Também fora do colégio, Hilda cativava os rapazes. Em 1946, quando estava no segundo ano de Mackenzie, ela viajou a Petrópolis com o irmão Ruy, hospedando-se no Hotel Quitandinha, em Petrópolis – à época, frequentado por famílias tão ricas quanto eles. A badalada boate do hotel, que aos fins de semana ficava lotada por representantes das elites, era aberta aos hóspedes em dias menos movimentados. Foi em uma dessas ocasiões que Hilda, então com 16 anos, e supostamente proibida de entrar em clubes para maiores de idade, conquistou um admirador carioca, seis anos mais velho do que ela. O irmão jura que nada aconteceu, e diz que Hilda nunca mais teve contato com o garoto.

A delicadeza, a vivacidade e os olhos claros da boa aluna não eram suficientes para esconder o sofrimento em relação a sua família. Aos 16 anos, e pelo menos dez após ver seu pai pela última vez, Hilda recebeu um convite dele para visitá-lo na fazenda em Jaú. Ao chegar, Apolônio pediu à filha que lhe mostrasse seu documento de identidade. Devidamente identificada, foi tratada pelo pai de maneira diferente. Com ela, ele não se tornava agressivo. Mandava que lhe servissem café da manhã.

Hilda saiu de lá um pouco atordoada. Apolônio, talvez pensando ver Bedecilda, pediu à filha três noites de amor. Hilda contava ter passado três dias com o pai. Embora não desse detalhes do que aconteceu durante esse tempo, ela se mostraria assombrada pelo episódio a vida inteira – falando constantemente sobre o assunto para amigos e em entrevistas, e tendo sonhos edipianos muitos anos depois.

Uma de suas obras em prosa mais importantes, *Kadosh* (originalmente, *Qadós*), traz uma cena que parece ser a recuperação do episódio, na voz da personagem Agda. É justo supor que, escrevendo em 1973, aos 43 anos, Hilda tenha tido tempo para rememorar, mas, também, reelaborar o que ocorreu: "Tocaram-me sim, meu pai tu me tocaste, a ponta dos dedos sobre as linhas da mão, o dedo médio sobre a linha da vida, dizias Agda, três noites de amor apenas, três noites tu me darás e depois apertaste o meu pulso e depois olhaste para o muro e ao nosso lado as velhas cochichavam filha dele sim a cabeça é igual, os olhinhos também, bonita filha toda branca... Meu pai, o banco de cimento, os mosaicos, as seringueiras, os enfermeiros afastados. Sorriam. Eu digo: sou eu, Agda, a mãe não veio mas te manda saudades, sou eu, Agda, Agda, pai, ela virá, se não veio é porque não passou bem todos esses dias, sou eu, tua filha".

2

INICIAÇÃO

Aos 18 anos, Hilda Hilst entrou na Faculdade de Direito do Largo São Francisco. Embora ela já falasse sobre fazer esse curso, não se sabe exatamente a motivação de sua escolha. Provavelmente, se tratou de influência de sua mãe: Bedecilda acreditava que, formada em Direito, Hilda poderia se virar melhor sozinha, ser mais independente.

Ruy não precisava mais pajear Hilda. E, para cuidar dos pequenos afazeres cotidianos a que ela não estava acostumada no internato, havia a proprietária de uma espécie de pensão no Jardim Europa, onde Hilda foi morar. Formada por duas casas geminadas, entre as quais a parede havia sido derrubada, a hospedaria era conduzida por dona Marta, uma alemã que, na verdade, chamava-se Magda, mas teve seu nome abrasileirado.

Na pensão, moravam mais seis pessoas além de Hilda: uma senhora com sua filha, um cônsul peruano, o senhor Jaime e sua esposa e o senhor Teperman. Dona Marta fazia jantar para todos, e Hilda tinha, invariavelmente, um convidado: Ruy. Morando sozinho, o irmão aproveitava os jantares caseiros da governanta – mesmo quando Hilda não estava lá.

Os filhos de Bedecilda mantiveram o costume de sair juntos. O destino não mudava: a Confeitaria Vienense, onde diversas vezes recebiam a mesma pergunta: bonitos, jovens e tão diferentes um do outro (Hilda era loira, como a família do pai; Ruy, moreno como a mãe): seriam namorados? Rindo, explicavam que eram irmãos. Apesar das diferenças – a essa época, Ruy já se considerava menos "intelectual" que a irmã –, os dois eram amigos. Hilda seria madrinha do casamento do irmão com Vilma Teixeira, em 1956, e amadrinharia também a primeira filha do casal, Beatriz, nascida em 18 de abril de 1960.

Quando Bedecilda estava em São Paulo, a família se reunia para almoçar, geralmente em um restaurante localizado na praça Ramos de Azevedo, dentro do Mappin. A loja era um dos pontos mais frequentados pela elite paulistana. Havia, além do restaurante, uma sala de chá, uma barbearia e um ponto de leitura – depois transformado em livraria. Quando um dos três fazia aniversário, o almoço ou jantar era mais especial, em geral comemorado no restaurante francês La Popote. Lá, madame Cardoso não era a única com esse título. A dona do local era conhecida apenas como "*madame*". No aniversário de Bedecilda – 8 de novembro –, *madame* fazia questão não apenas de oferecer um jantar especial, mas também de indicar um champanhe francês de sua enorme adega.

Enquanto os filhos moravam em São Paulo, Bedecilda se manteve no litoral paulista. Quando ia à capital, ficava em seu próprio apartamento, na rua Vieira de Carvalho, em vez de se hospedar na casa de um dos filhos. Dessa forma, tinha mais liberdade.

Desde o fim da faculdade, Hilda morava sozinha em outro apartamento de Bedecilda, no Parque Dom Pedro II. Quando a filha a convidava para jantar, a mãe tinha um jeito particular de demonstrar seu sentimento. Hilda comprava vestidos lindos, dos costureiros onde ela mesma costumava se vestir, e insistia que a mãe os usasse. Mas Bedecilda gostava mesmo das calças compridas. Para não chatear a filha, levava suas roupas na mala e, chegando ao prédio, trocava-se ainda lá embaixo, antes de subir.

Bedecilda tinha um estilo próprio – se seu modo de vestir não agradava nem à filha, seria pouco provável que agradasse a uma sociedade conservadora. Embora habituada a grandes marcas – era cliente de lojas bastante prestigiadas –, sua opção por peças e combinações modernas despertava estranhamento até mesmo em funcionários de grifes como a Vogue. Certa vez, passando por lá em direção a seu apartamento, perguntou o preço de um chapéu.

— É muito caro — disse a vendedora, supondo que aquela mulher não poderia comprá-lo.

Nesse momento, chegava o gerente, que, entre alegre pela presença da cliente e constrangido pela atitude de sua funcionária, dirigiu-se a Bedecilda:

— Madame Cardoso, a senhora chegou de viagem!

Ela simplesmente olhou para a vendedora e ordenou:

— Embrulhe, eu não quero nem saber!

No ano de 1949, sobretudo a partir de cartas que a filha trocava com seu tio Luiz, Hilda e a mãe ficaram sabendo que a doença de Apolônio se agravava. Ele passava temporadas longe do sanatório, em Jaú, com seus irmãos e sobrinhos, mas era constantemente obrigado a voltar, sempre que seu comportamento piorava.

O pai queria ter notícias da filha e desejava sua companhia. Costumava escrever-lhe longas cartas, que nunca chegavam. Esquizofrênico, endereçava a correspondência de forma incompleta ou incorreta. Quando as cartas eram devolvidas, ele se chateava, e imaginava ser vítima de alguma espécie de conspiração.

Apesar de toda a saudade, sempre que os parentes mostravam a Apolônio uma foto de Hilda no jornal, ele parecia nem se interessar. Tio Luiz dizia à sobrinha que a reação se devia ao fato de Apolônio crer em uma realidade forjada para que se apegasse a verdades falsas. Mas, ainda que acreditasse nas notícias, ele não aprovaria a atividade da filha. Se antes defendia a "imoralidade" do casamento, agora, acreditava que todos os sobrinhos da família, tanto homens quanto mulheres, deveriam se casar e abandonar os estudos.

Os parentes, embora preocupados com Apolônio, mantinham-se tranquilos em relação a sua doença. Às vezes, ele brigava, xingava, quebrava coisas. Mas o quadro violento estava sendo controlado por injeções calmantes. Ele não aceitava companhia, fazia tudo sozinho: vestia-se bem, frequentava o barbeiro, fazia compras, ia à missa.

Em novembro de 1951, Luiz escreveu a Hilda contando que ele e os irmãos haviam colocado um empregado de confiança para vigiar Apolônio durante suas saídas para a cidade. Foi assim que ficaram sabendo que o pai havia assistido a todo um longo comício político, portando-se muito bem. Em geral, porém, não conversava com ninguém durante esses passeios.

Nem todas as notícias eram boas. Hilda ficou sabendo que o pai já não cultivava os mesmos hábitos. Deixou uma longa barba crescer e, dentro de casa, ficava sempre de pijamas e chinelos. Passava a maior parte do tempo deitado, lendo.

Pela manhã, ao acordar, e durante a madrugada, eram frequentes os ataques de cólera de Apolônio, que surpreendiam a família. Gritando, ele se lembrava de acontecimentos, lançando insultos e pragas. Com a visível piora, decidiu-se pela internação definitiva no Sanatório Charcot, localizado no quilômetro 12,5 da Via Anchieta, à avenida Carlos Liviero, 102.

Inquietas com as notícias que recebiam da família de Apolônio, Hilda e a mãe decidiram trazê-lo para perto delas. Construíram para ele uma pequena casa na fazenda para a qual Bedecilda havia se mudado, em frente à sede, com um quarto, sala, banheiro e cozinha. Após fechar sua pensão, em 1952, ano da formatura de Hilda, dona Marta foi convidada por Bedecilda para ser governanta da fazenda, de modo que sempre houvesse alguém por perto para cuidar de Apolônio.

A família o visitava de vez em quando, mas ele ficava sozinho na maior parte do tempo. Mais tarde, até os filhos de Ruy, quando visitavam a avó na fazenda, teriam ordem para ficar longe da casa. Por vezes, viam Apolônio sentado na varanda, lendo jornal, mas não ousavam chegar perto do homem que só bem mais velhos descobririam ser o pai da tia Hilda.

Até mesmo Vilma, esposa de Ruy, tinha certo receio de visitá-lo. Ia acompanhada por dona Marta, que, à época da primeira gravidez de Vilma, em 1955, insistia nas visitas. Acompanhado ou não, o esquizofrênico Apolônio costumava falar sozinho. Se era um diálogo, fazia duas vozes diferentes. O louco delirava, mas o intelectual não perdia noção das datas históricas, que homenageava a seu modo. Em um 7 de setembro, passou a manhã gritando "Independência ou morte!".

Preocupada com o pai e já com uma vida social atribulada – saía todas as noites, para bares, jantares em homenagem a intelectuais, lançamentos de livros –, Hilda era aluna pouco assídua na faculdade. No primeiro ano, foi reprovada em direito romano por não ter comparecido aos exames, e ficou de segunda época em teoria geral do Estado e direito civil. A caloura, que dali a menos de dois anos lançaria seu primeiro livro, teve média seis em línguas: em inglês, obteve 7,5 pontos de dez; em latim, 4; e em português, 6,5.

As dependências e as reprovações por não comparecer às provas seriam fato trivial durante a faculdade. Com uma média geral de 7,4 – considerando as notas alcançadas durante todo o curso –, Hilda esteve poucas vezes próxima ao dez: em direito internacional público, obteve 9; em economia política, 8,5. Foram quatro dependências e seis segundas épocas.

Mas notas e frequência não foram o único problema por que a aluna passou. O professor de direito romano, Alexandre Correia, fez a menina, sempre tão ousada, chorar na faculdade. Certa vez, saindo da aula, Hilda tropeçou e caiu. Vendo-a no chão, o professor, passando ao lado, perguntou:

— Você já está de quatro?

Hilda, orgulhosa, ofendeu-se, e saiu chorando da sala, sentindo-se humilhada, quando seus colegas começaram a rir do comentário.

Havia apenas uma carreira jurídica que Hilda considerava seguir. E foi completamente abandonada após conversa com Vicente Rao, seu professor de direito internacional, a quem ela havia procurado por se interessar profissionalmente pela matéria:

— Olha, Hilda, é complicado demais. Você tem de saber o direito de todos os países.

A falta de entusiasmo acabou por prevalecer. Após terminar a faculdade, trabalhou por apenas alguns meses no escritório de direito de Abelardo de Souza. Foi o suficiente para constatar que aquela carreira não era para ela e pedir demissão.

No segundo ano da faculdade, no verão de 1950, em meio a toalhas engomadas, brioches quentes, geleias, torradas, e ao som de valsas e marchinhas na sala de chá do Mappin, Hilda conheceria sua amiga para a vida inteira, com quem desejaria "morrer de mãos dadas". A Faculdade de Direito prestava homenagem à ex-aluna Lygia Fagundes Telles, por ocasião do lançamento de seu novo romance, *O cacto vermelho*. Hilda fora escolhida para saudar a escritora em nome dos alunos do Largo São Francisco.

Os violinos, o piano e o violoncelo fizeram uma pausa. Hilda levantou-se. O poeta Guilherme de Almeida, impressionado com a menina de camisa de tricoline branca, de punhos largos, cabelo louro puxado para trás e preso na nuca por uma fivela, estava sentado ao lado direito de Lygia, e lhe disse:

— Veja, ela é frágil como um galho de avenca.

Hilda leu a homenagem dos alunos e depois se apresentou a Lygia:

— Sou poeta — disse, entregando à escritora um de seus poemas.

— A palavra poetisa deve estar meio desmoralizada, quando a poetisa é mesmo séria, se diz poeta. Poetisa virou declamadora — observou Guilherme de Almeida.

A atitude renderia diversos textos elogiosos de Lygia, publicados em jornais, a respeito do trabalho da jovem poeta. No ano seguinte, após o lançamento do primeiro livro de Hilda, *Presságio*, escreveria no *Correio da Manhã*: "Essa estreia de Hilda Hilst, jovem universitária paulista, reveste-se de marcada importância no cenário da nova poesia brasileira. Repito o nome: Hilda Hilst. Será o de uma grande poetisa".

Foi também na faculdade que Hilda conheceu Fernando Jorge, aluno de turma mais nova – entrara em 1950 –, de quem se tornou grande amiga. Frequentavam, além da Confeitaria Vienense, outros bares na região do largo São Francisco. Ela gostava particularmente da cerveja Caracu, e costumava pedir pastéis para acompanhar.

Os amigos conversavam sobre literatura. O tema principal eram autores russos, que Fernando lhe indicava – Púchkin, Tolstói e Dostoiévski, favorito dela. Hilda aceitava todas as sugestões, mas, segundo contava na altura, continuava preferindo o autor de *Crime e castigo*, achando que era mais autêntico e complexo. Outra das predileções literárias de Hilda eram sonetos de Olavo Bilac. Repetidas vezes, pedia para Fernando declamar os versos de Bilac, e outros de Florbela Espanca. Era uma de suas manias. Gostava de ouvir poemas, inclusive os seus próprios, declamados na voz dos amigos.

Nessa época, Hilda era uma jovem angustiada. Certa vez, mostrando-se muito chateada, disse ao amigo Fernando Jorge que se sentia irrealizada, que não conseguia alcançar o que queria. Fernando quis saber o que ela pretendia alcançar, ao que recebeu, em meio a algumas lágrimas, a resposta:

— Eu nem sei! Não sei o que quero, mas sinto que preciso alcançar alguma coisa!

Loira, de tipo *mignon* e muito bonita, Hilda logo começou a chamar a atenção dos homens. Aos 18 anos, conheceu aquele que seria seu primeiro namorado: Eusébio Queiroz Matoso, um jovem bastante bonito, então com 26 anos, muita disposição para o esporte e diploma de engenheiro na mão. Não se sabe ao certo se eles se conheceram a partir de amigos em comum do Mackenzie ou da Faculdade de Direito, nem se foi de fato o primeiro homem de Hilda. Cruzadas, as informações sugerem que não. Anos depois, ela diria em uma entrevista: "[A primeira vez que fiz amor] Foi com uma pessoa muito interessante, um homem bastante agradável, e que pedi a ele que fizesse, porque queria conhecer tudo isso. Foi muito agradável. Eu tinha 20 anos, e ele queria muito casar comigo, mas eu tinha horror de casamento".

Na faculdade, ela encontrou duas formas de se proteger dos assédios. Aos pretendentes que tentavam engatar uma conversa, perguntava coisas como a opinião sobre a literatura de Kafka. Assustados, os meninos desistiam. E teria pedido a Fernando Jorge que saísse da faculdade, todos os dias, de braços dados com ela, de forma a fazer os outros pensarem que estavam namorando. O amigo, encabulado, não aceitou. Ainda assim, ousada e habituada ao interesse que despertava nos homens, Hilda perguntou se ele gostaria de namorá-la. Teve que ouvir uma resposta negativa, com a justificativa de que ela "não era seu tipo", como ele mesmo contava.

O colega também foi um dos primeiros a escrever sobre *Presságio*, o livro de estreia da amiga. No *Jornal de Notícias* do dia 25 de setembro de 1949, ele teceu elogios. Apontando trechos do livro, Fernando Jorge exaltou a feminilidade da poesia hilstiana e afirmou que a iniciante nascera com o dom de versar. Contudo, sobraram algumas críticas severas: "É forçoso reconhecer, todavia, que Hilda Hilst não é ainda uma poetisa realizada. O que possui, e bastante, em sentimentos sinceros, mesclados de misticismo e sensualismo, encontra-se em oposição ao que lhe falta, se não quisermos abusar do termo 'virtuosismo', em amadurecimento de técnica. Muitos de seus versos são frouxos, mal construídos, e arrastam-se tontos, com moleza anêmica. Dão mesmo, a poetisa desculpe-me a franqueza, a ideia de sentimentalismo barato, romance água com açúcar para moças".

Hilda poderia ter ficado chateada por serem tão contundentes as afirmações do colega. Mas, pelo contrário, agradeceu pela sinceridade. Ele não fora hipócrita, coisa que ela detestava.

Em 1952, Lygia prometera a Hilda escrever um "artigo sério" sobre *Balada de Alzira*, seu segundo livro de poemas, que publicaria na *Folha da Manhã*. A promessa se tornou uma crônica, também início de uma grande amizade, que duraria a vida inteira. Por "artigo sério", entendiam o privilégio da análise literária sobre as ponderações a respeito da pessoa. A autora de *O cacto vermelho* diria, então: "Ela [Hilda] não quer que se fale nela, no seu ar vago e doce, nos seus gestos espaçados e mansos, no seu todo de canarinho belga". E elogiaria os poemas mais recentes da amiga, reconhecendo, contudo, lhe faltar "a técnica torturada de experiente" – compensada facilmente por "essa beleza intuitiva e pura, a brotar natural e fácil como a água de uma fonte".

A partir de então, Hilda Hilst e Lygia Fagundes Telles se tornariam personagens frequentes de colunas sociais, além de serem eleitas, algumas vezes, como símbolos da emancipação feminina. Nas fotos de um jantar em que se reuniam intelectuais, Carlos Drummond de Andrade aparece entre as duas escritoras. No *Diário da Noite*, Carlos Maria se referia constantemente a elas. Alik Kostakis, colunista da *Última Hora*, escreveria: "Hilda e Lygia arrasam uma velha teoria: nem sempre beleza e talento são incompatíveis".

Retratadas como intelectuais independentes, as amigas são fonte para uma matéria sobre a alteração do artigo 6º, item 2º, do Código Civil – que equiparava mulheres casadas ou não a selvagens e a menores de 21 anos. Também veiculada pela *Última Hora*, a matéria retrata uma Lygia bem-comportada, numa fotografia junto ao filho e explicitando a importância jurídica da modificação. Sobre Hilda, o redator, sem perceber a ironia, escreveu: "Hilda Hilst mostrou-se pouco favorável à iminente reforma de Código e às sucessivas campanhas para que a mulher adquira mais direitos". E cita, então, a declaração da jovem autora: "As mulheres devem ter mais deveres do que direitos. Sou francamente favorável a um quase retorno à Idade Média, com mulheres submissas e não preocupadas com campanhas feministas. O mais importante é o direito de amar e desamar; desde que esse direito não seja ferido, não vejo por que acrescentar outros".

Seus comentários desconcertavam quem esperava um posicionamento abertamente feminista. Enquanto sua poesia questionava lugares e papéis tradicionalmente destinados à mulher, suas declarações à imprensa pareciam reproduzir o mais cru machismo. Em uma entrevista também de 1959, afirmou considerar "as mulheres chatíssimas; em literatura, a gente escolhe a dedo uma ou outra; e depois eu quero é que elas não me aborreçam".

Um artigo publicado no *Jornal de Letras* do Rio de Janeiro por ocasião do lançamento de *Balada de Alzira* (1951) dá pistas para compreender o que ocorria. A matéria é resultado de um "encontro casual" com o autor, Alcântara Silveira, no bar do Museu de Arte Moderna de São Paulo. Estudante de Direito no largo São Francisco, a "jovem poetisa" procura expressar com irreverência preocupações que lhe serão constantes. Num esforço para descolar a si própria de certa imagem feminil, reivindica que uma autora "forte e potente" como Cecília Meireles seja chamada poeta, e afirma: "A ideia que tenho quando digo 'poesia feminina' é de pieguice, porque as mulheres quase sempre são 'derramadas' e de uma suavidade irritante quando escrevem poemas". Silveira, ao mesmo tempo que retrata Hilda como uma mulher segura e em amadurecimento, descreve como ela masculamente inspira respeito e desejo: "A poetisa tomou um gole de uísque. Tomamos nossa água tônica e voltamos a assediá-la, agora a propósito...".

Entre a feminilidade que lhe rendia certa fama na sociedade e a força masculina que associava à escrita, Hilda se equilibrava com charme, criatividade e, sobretudo, ironia.

As observações dos críticos sobre Hilda tinham em comum a tentativa de estabelecer relações entre a produção dela e a de outros colegas da época. Em uma alusão provável à formalista Geração de 45, *O Estado de S. Paulo* destacou, em 9 de maio: "Entre os mais jovens poetas de São Paulo, que em geral se perdem nos malabarismos acrobáticos do abstracionismo, Hilda Hilst aparece como exceção".

O *Jornal de Letras*, por sua vez, demonstraria certo alívio quando a escritora revelou-se totalmente livre da produção literária feita em sua faculdade: "Sempre tivemos receio de que Hilda Hilst, sendo jovem e estudante de Direito, sofresse a influência da literatura das Arcadas e da poesia dos moços da sua geração, transformada – via de regra – em jogo de palavras. A poetisa, porém, conseguiu se manter imune à literatura do Largo São Francisco".

O lançamento de *Balada do festival*, seu terceiro livro de poemas, rendeu à escritora uma homenagem pomposa: na boate Chicote, amigos e admiradores ofereceram um jantar a Hilda, no final de junho de 1955. Fartamente noticiado por jornais, o evento mostra a poeta ao lado de dois de seus professores na faculdade: Gofredo da Silva Telles Jr. (marido de Lygia) e Alberto Moniz da Rocha Barros – que se tornaria um dos responsáveis pelas reformas nos Códigos brasileiros na década de 1960.

A essa época, Hilda era noticiada como um mito. E contribuía para a criação dessa atmosfera.

Durante meia hora de entrevista à *São Paulo Magazine*, por conta do lançamento do livro, Hilda teria fumado, em uma piteira de ouro, nove cigarros enrolados à mão. E teria feito com que os repórteres bebessem quatro uísques. Além disso, teceu comentários pouco adequados à época sobre casamento e adultério: "A poligamia e a poliandria são as duas instituições mais simpáticas de que se há notícia"; "Existem homens que, à simples ideia de não enganá-los, cometemos o pecado de ofender a Deus".

Mas havia alguns profissionais, como Henriqueta Vertemati, do *Correio Paulistano*, que se esforçariam em descrevê-la sem misticismos: "Bonita. Não apenas poeta, não apenas inteligente, bonita também, o que nem sempre se perdoa. Mas como a moça tem muito espírito parece, algumas vezes, para os que não o possuem, não ter nenhum. [...] E no mais é sempre gentil, ainda que se saiba que numa conferência dum poeta famoso, mas bastante político, retirou-se da sala, em sinal ostensivo de desagrado. Assim é Hilda. Algumas vezes distraída, mas sempre encantadora".

O fato de Hilda ser duplamente fascinante, por sua beleza e por sua inteligência, surpreendia não apenas aqueles que lhe eram mais próximos. Em alguns casos, virava até notícia de jornal – como ocorreu após o lançamento de *Balada do festival*: "A moça elegante, loura, que acende um cigarro, sorri e pede um 'cocktail', tem todo o aspecto de um precioso ornamento de crônica mundana. Vai falar do último espetáculo, da ultima fita, do último escândalo, do último Festival de Cinema. Vai contar a sua última façanha no tênis, o seu último encontro na 'boite' e seu último passeio de automóvel pela praia. Oh! Frívola juventude!.. A voz imprevistamente grave diz coisas imprevistamente tristes".

A agitada vida social de Hilda e sua beleza proporcionavam a ela uma vida amorosa igualmente repleta. Em 1953, envolveu-se com Vinicius de Moraes, a quem havia sido apresentada por um amigo comum. Embora o poeta fosse casado, começaram a sair e mantiveram um ardente romance. Hilda dizia que o achava adorável e sensível, mas, algum tempo mais tarde, passou a afirmar que sua poesia era medíocre – reconsideração coincidente com o término do relacionamento.

"E nada restou/ das infinitas coisas pressentidas/ das promessas em chama": um rompimento amoroso é assim descrito em um poema de *Balada de Alzira* que parodia o "Soneto da separação", publicado dois anos antes desse encontro. No livro seguinte, *Balada do festival*, há um poema dedicado a Vinicius em que a poeta fantasia a própria morte. No seu funeral, um homem diria: "Tem tanto medo da terra/ a moça que hoje se enterra./ Fez poema, fez soneto/ muito mais meu do que dela".

Em 1957, Hilda mudou-se para o apartamento 62 do número 2384 da alameda Santos. No mesmo prédio, na unidade 14, morava uma grande amiga sua, Neli Dutra, com seus filhos Rita e Alberto Ruschel. As duas haviam se conhecido na livraria Mestre Jou, localizada na rua Conselheiro Crispiniano, no Centro, ponto de encontro de intelectuais. Hilda era presença assídua: em geral, ia acompanhada de Lygia e da poetisa Lupe Cotrim, para tomar chá e ouvir poesias.

O tempo e a convivência tornaram Hilda e Neli amigas íntimas, que se reuniam com frequência em um dos apartamentos. Hilda gostava muito, inclusive, dos filhos de Neli. Foi Hilda quem comprou o primeiro sutiã da menina Rita e, quando Beto tinha 16 anos, a poeta achou que ele deveria musicar versos seus.

O menino se recusou, disse que não conseguiria. Hilda, então, pediu que ele lesse seus poemas em voz alta, e passaram a noite inteira escutando a declamação dos poemas. O ex-marido de Neli, Alberto Ruschel, foi um dos casos amorosos de Hilda. A amiga não teve nem ciúmes – ou, pelo menos, nunca disse nada.

No mesmo ano, Hilda saiu de São Paulo para passar alguns meses viajando pela Europa. Em Paris, teve um caso com o ator Dean Martin e tentou investir em Marlon Brando. Eles estavam gravando *Os deuses vencidos* na capital francesa. Hilda foi, com o amigo e também *high society* Bubby Figueiredo, ao bar do hotel Ritz, onde Martin estava hospedado. Lá, se conheceram e passaram a se encontrar. Hilda disse, em entrevistas e a amigos, que havia pedido para o próprio namorado apresentar o outro pretendente:

— Claro que não vou apresentá-lo a você. Você vai naturalmente ficar com ele — teria justificado Dean Martin, que acabou informando a ela onde Brando estava hospedado.

E lá foi Hilda, ao Hotel Raphael, de vestido preto e coroa de brilhantes. Mas ela chegou um pouco antes do horário recomendado para encontrá-lo. Nem o bar do hotel estava aberto. Os garçons colocaram uma mesa para Hilda e sua companheira, a amiga Marina de Vicenzi, na calçada, e elas esperaram pacientes, bebendo uísque – sem imaginar que, durante a espera, arranjariam outra história para contar.

Logo um homem chegou e sentou-se a uma mesa próxima à de Hilda. Passou a olhá-la com insistência, também entretido por um copo de uísque. Um olhar firme, fixo, que a incomodava um pouco. Quando viu Bubby Figueiredo chegar, o homem irritou-se, quebrando o copo de uísque na mesa. Os garçons apareceram correndo. Bubby sentou-se devagar:

— Hilda, você sabe quem é esse homem?

Não sabia, mas mostrou-se bastante curiosa.

— Ele está olhando para você há muito tempo?

— Há uns vinte minutos — ela respondeu.

— É o homem mais rico do mundo, Howard Hughes. Como você não deu bola para o homem mais rico do mundo?

— Mas eu não sabia que era ele! — Arrependida, pediu ao amigo que chamasse Hughes à mesa. Mas o milionário havia ido embora rapidamente, em um enorme Rolls-Royce.

Embora se culpasse por não ter reconhecido o grande empresário que a encarava (como confessaria mais tarde a suas amigas, especialmente quando sofria dificuldades financeiras), ela não desistira de procurar Marlon Brando. Para vencer a resistência do funcionário do hotel que não queria deixá-la entrar, lhe deu algum dinheiro. Ele mandou um garoto levá-la ao quarto. Hilda bateu à porta, mas quem abriu foi o também ator Christian Marquand. Em inglês, ela perguntou:

— Será que eu poderia falar com o *monsieur* Brando?

Ele foi chamá-lo. Brando apareceu com um robe de chambre e uma echarpe, que Hilda achou muito bonitos. Ela desesperou-se: "Meu Deus, o que vou falar para ele? Eu tenho que falar alguma coisa, eu quero entrar e ver se posso dormir com ele". Ele indagou:

— O que é? Você pensa que só porque é uma mulher bonita pode acordar um homem a esta hora?

Hilda desculpou-se e disse que era jornalista.

— Não dou a mínima para o seu jornal — retrucou o ator.

A amiga Marina De Vicenzi fazia sinais a Brando, tentando dizer que a escritora era maluca.

— Bem, pode falar — respondeu, rindo, o galã.

Perdida e nervosa, Hilda não teve tempo para encontrar um bom assunto. Provavelmente se lembrando dos garotos da faculdade – e esperando que a reação do ator fosse inversa –, perguntou o que ele achava sobre o escritor Franz Kafka, e se não gostaria de dar algumas declarações.

— Vou dormir agora, não vou pensar no senhor Kakfa.

— Não posso entrar nem um pouquinho para conversar? — Hilda perguntou desesperada.

— Você é uma criança mimada — respondeu Brando.

Diante da resposta definitiva, Hilda foi embora – chateadíssima.

Hilda já se habituara a frequentar as páginas de jornal. Porém, desde 1959, com a publicação de *Roteiro do silêncio* e com sua crescente visibilidade na sociedade paulistana, os comentários de críticos haviam se tornado de outra espécie. No *Correio da Manhã*, no dia 2 de outubro, dizia-se: "[...] Hilda além de sua poesia possui o argumento de olhos verdes, cabelos louros e uma idade moça". E o crítico Luis Martins, considerado dos principais à época, afirmaria, após elogiar o sucesso, os versos e a apresentação do livro: "Só não gostei, francamente, foi da passagem de um dos poemas, aliás excelente, em que Hilda Hilst declara que 'queria ser boi'. Ah! Não, Hilda! Por favor! Você está muito bem assim mesmo, como mulher. E como poetisa, então, nem se fala!".

A relação da poesia de Hilda com a busca de um novo lugar para a mulher na sociedade seria traçada após o lançamento de *Trovas de muito amor para*, de 1959. Bráulio Pedroso – sua companhia frequente em empreitadas sociais – afirmaria, em artigo que expõe como os poemas de Hilda retomam os cantares, o

> Eu queria aproveitar
> a vida, a minha mocidade,
> o que eu tinha de bonito.
> Queria que as emoções
> passassem todas por
> mim antes de me dedicar
> a escrever, com o afinco
> desesperado com que depois
> me dediquei.

nascimento do lirismo: "[...] o reencontro das formas antigas pela mulher-poeta representa, além do expressar poético, o compromisso de definir-se ideologicamente. Isto é, a mulher dirige-se às origens do expressar masculino do amor para reivindicar o direito da iniciativa [...]. Daí a justificativa do tom arcaizante e quase medieval da poesia de Hilda Hilst, expressão que é da mulher buscando, nas formas poéticas já abandonadas pelo homem, a origem do seu direito de ser igual".

Já em 1961, Hilda não teria o mesmo prazer ao encontrar-se em páginas de jornal. A crítica a *Ode fragmentária* não foi tão receptiva. Embora Dorian Jorge Freire, da *Última Hora*, tenha criticado a falta de atenção de público e críticos à obra de Hilda, dizendo que, se lhe tivessem dedicado maior atenção, "nela já teriam descoberto uma das mais importantes forças poéticas deste País, nestes tempos", Wilson Martins e Alcântara Silveira não concordavam com a afirmação. Para este, ela teria perdido o sentimento autêntico de sua poesia ao buscar o formato da ode. O primeiro se queixaria da intelectualização extrema do lirismo feminino nos poemas de Hilda, vendo, aí, um paradoxo: "Escrevendo, apesar de tudo, a poesia lírica, fundada na confidência, assume a tentativa impossível e contraditória de esperar que o leitor se emocione com o que ela esconde, com uma poesia que, sendo alusiva, não é sugestiva".

3
UM AMADO SENHOR

Foi com a determinação de uma mulher emancipada que Hilda chegou àquele que se tornaria um de seus grandes amores: João Ricardo Barros Penteado, com quem se relacionou intensamente durante três anos e meio. No final de 1958, durante um encontro dos poetas "novíssimos", também chamados de "geração de 60", Hilda dirigiu-se ao poeta e repórter do caderno de cultura do jornal *O Estado de S. Paulo*, elogiando sua beleza. E foi o suficiente para começarem a sair juntos.

João Ricardo, oito anos mais novo, também era formado em Direito. Era alvo constante da brincadeira dos amigos que, reconhecendo sua beleza e a qualidade de suas poesias, o apelidaram de "dublê de poeta e halterofilista".

O responsável pelo encontro de Hilda e João Ricardo no evento dos "novíssimos" chamava-se Massao Ohno, editor dos poetas e amigo de Hilda – com quem ela frequentava a Choperia Franciscano e o João Sebastião Bar, ambos no centro (o último seria, naquela década, uma espécie de templo paulistano da bossa nova). Muitas vezes, encontravam-se para tomar uísque no Bar do Museu – conta-se que Massao aguentava um litro, e que Hilda às vezes o superava. Localizado na rua Sete de Abril, ao lado da Biblioteca Mário de Andrade, o local era famoso, havia vinte anos, por reunir artistas, intelectuais e artistas. E também por conta de um piano de cauda, em que os próprios frequentadores podiam improvisar algumas notas.

Com o relacionamento entre Hilda e João Ricardo, alguns de seus amigos poetas, como Antônio de Franceschi, passaram a frequentar a casa da escritora. Faziam parte dessa mesma geração Roberto Piva, Cláudio Willer e Reynaldo Bairão – este último, antigo conhecido de Hilda, devido a desavenças veiculadas por jornais. Sobre *Presságio*, Bairão escrevera, no *Jornal de Notícias*: "Os momentos mais magníficos da personalidade e da poesia de Hilda Hilst são quando ela sai de sua acabrunhante feminilidade". O crítico Edgar Cavalheiro, do mesmo veículo, tomando partido no clima de disputa – o "novíssimo" lançara, à mesma época, *O primeiro dia*, também de poesias –, diria, sobre Bairão: "Depois estoura uma guerra e ele vai ficar zangado se for convocado como enfermeira".

Pode ter sido essa a razão para que Hilda destinasse críticas ao grupo de poetas da geração de 1960. Antes mesmo de se envolver com um deles, ela diria ao *Jornal de Letras*: "Que geração? A dos novos? A dos novíssimos? Não penso nada. Eles, os novos, é que deviam pensar alguma coisa, exercício que, parece, não se habituaram até agora a praticar. [...] Para responder alguma coisa, direi que são 'literários', de um hermetismo idiota e desnecessário".

Aos mais íntimos entre os colegas dos novíssimos, Hilda nunca chegou a esboçar uma crítica. Sabia-se muito bem da admiração que ela cultivava pelo namorado mais novo. E a impressão que o casal passava aos que estavam à sua volta era de muito amor e romantismo. Ele, encantado por aquela mulher belíssima. Ela, da mesma forma, fascinada pela beleza do rapaz. Transmitiam harmonia e felicidade.

E talvez ele soubesse pensar. Afinal, não foram poucas as vezes em que ela pediu a opinião do namorado sobre seus textos

– embora descartasse algumas delas, acatava outras. Hilda constantemente falaria, durante anos, sobre o amor que sentiu por ele: "Com ele, eu cheguei a pensar em ter um filho, era um homem excepcional, belo e inteligente". Seria sempre dessa forma que Hilda faria referências a João Ricardo: o grande amor, o homem mais lindo com quem convivera.

O relacionamento motivou Hilda a compor *Sete cantos do poeta para o anjo*, em 1962. A publicação do livro ficaria a cargo de Massao Ohno. Era a primeira vez que o editor publicava uma obra de Hilda, mas a parceria se repetiria onze vezes, até 1999, com a edição da coletânea de poesias *Do amor*.

O livro, cuja tiragem não passava dos quinhentos exemplares, foi feito quase em edição artesanal. Na mesma gráfica onde imprimia, com outros quarenta funcionários, materiais didáticos para cursinhos como o Anglo-Latino e o Brigadeiro, e outros produtos para a Aliança Cultural Brasil-Japão, Massao se dedicou aos poemas de Hilda. Nos fins de semana ou durante a noite, ele mesmo preparava, com cuidado, o livro da amiga. Também eram preparados dessa forma os livros dos novíssimos e de outros poetas estreantes.

Hilda e João Ricardo se envolveram intensamente. Os pais do garoto, preocupados, consultaram o amigo de colégio Clovis Beznos, que conseguiu tranquilizá-los.

Bedecilda também não gostava do relacionamento entre os dois, pois achava que a filha tinha que se relacionar com um homem poderoso, rico, como era Carlos Eduardo Paes Barreto, antigo amante de Hilda e presidente de uma companhia de petróleo em São Paulo – com quem ela rompeu para começar a namorar o poeta e jornalista. Segundo Hilda contaria a seus amigos posteriormente, a bela casa que ela passou a dividir com João Ricardo fora um presente de Paes Barreto. Nessa época, ela não recebia muito de Apolônio ou da família Almeida Prado, e o imóvel não foi pago por Bedecilda.

A mãe considerou a troca uma loucura. E, para completar, o novo namorado era português (os portugueses, na opinião de Bedecilda, eram péssimos amantes e maridos). Quando Hilda contou à mãe que estava namorando, ela imediatamente quis conhecer o rapaz, e marcaram um encontro na casa da filha. Durante o encontro, a mãe repetiu, na frente de João Ricardo, todas as suas opiniões sobre ele.

Ao redor da casa de dois andares onde João Ricardo foi morar com Hilda – apenas durante alguns dias na semana, para não brigarem demais –, localizada à rua Petrópolis, 32, havia um grande jardim com roseiras. Logo na entrada, na sala, uma pequena escada levava a uma outra sala, no plano superior, também visível desde a porta de entrada. Na sala de baixo, onde eram realizados os jantares, uma grande mesa ocupava o espaço. Hilda tinha poucos móveis, todos escuros, e muito da decoração da casa era em vermelho: tapetes, passadeiras, quadros.

Em contraponto, as paredes da casa eram todas muito claras, brancas. O local era cenário de muitas festas para grupos seletos de amigos, regadas a uísque Logan. Os quatro quartos ficavam no andar térreo, e em cima havia dois escritórios.

Quando Hilda não estava escrevendo um livro, o casal mantinha o ritmo de saídas noturnas. Na Mercedes prata e conversível de Hilda, iam a bares e restaurantes badalados à época: Baiúca, Nick Bar, João Sebastião Bar, lugares variados na rua Major Sertório e, ainda, festas e bailes. Muitas vezes, eram acompanhados por Lygia e seu marido Gofredo. Clóvis Beznos, Bráulio e Marilda Pedroso também eram companhias frequentes do casal nesses programas.

Antes de voltar para a casa de Hilda, no Pacaembu, o casal deixava os amigos em casa e passava para pegar o jornal recém-chegado às bancas, para ver se havia alguma notícia ou artigo sobre Hilda. Nessas ocasiões ela encontrou, por exemplo, uma reportagem do *Diário de S. Paulo* que a colocava como a maior revelação

" Existe uma diferença entre o que você realmente quer e o que o seu espírito mais profundo deseja. E, na vida, o que você pode viver, no seu cotidiano, pode não ter nada a ver com essa verdade mais profunda.

na poesia em 1960. Intitulada "Doze personalidades femininas das mais brilhantes no ano de 1960", a matéria justificava: "Na verdade, a honra de ter publicado o mais belo livro de poemas em 1960 cabe a uma mulher. É ela Hilda Hilst, a autora de *Trovas de muito amor para um amado senhor*. Hilda já figura entre os nossos mais credenciados poetas, mas agora, com esse livro atinge o ápice da sua carreira literária. Foi esplêndida a sua atuação em 1960".

Era a segunda ocasião em que um jornal paulista elegia Hilda como destaque do ano. Em 1954, Odette de Freitas, em sua coluna no *Diário da Noite*, havia considerado a poeta "um dos rebentos de valor da novíssima geração da nossa poesia [...] Hilda é essa figurinha fina, desempenada como uma palmeirinha nova que se debruça sempre sobre as coisas belas".

O sucesso do livro *Trovas de muito amor para um amado senhor* fez com que o músico José Antônio de Almeida Prado, ao ler o volume, decidisse musicar um dos poemas. A canção chamou-se "Canção para soprano e piano". Para divulgar sua composição, e sem saber que o jornalista João Ricardo Barros Penteado era namorado da autora, mandou para ele, na época repórter do *Estado de S. Paulo*, uma cópia do disco. O repórter escreveu uma crônica, recebendo, em seguida, uma carta do músico. Os dois se falaram por telefone, e João convidou Almeida Prado para um encontro – sem lhe dizer que o endereço, no Sumaré, era justamente a casa da autora dos versos musicados. Ao chegar, João Ricardo apresentou-os, e o músico ficou impressionado com a linda mulher que fumava uma piteira à porta.

A partir daí, Hilda e Almeida Prado passaram a trocar correspondências. Bem, na verdade, ele mandava cartas. Ela respondia pelo telefone, mas pedia para o amigo não parar de enviar os escritos. Discutiam, principalmente, problemas estéticos. Hilda só foi escutar a música mais tarde, na casa da compositora Dinorah de Carvalho, à avenida Angélica, acompanhada por Teresa Austregésilo, atriz e esposa de Jô Soares, também amigo de Hilda. A composição, porém, não fez sucesso com a escritora que, sincera, reclamou:

— Ah, que coisa chata. Parece modinha imperial antiga!

Em um dos encontros dos dois na casa de Hilda, a escritora mencionou, sem dar muita importância, que também vinha da família Almeida Prado. O amigo foi procurar um mapa com a árvore genealógica da família, de posse de seu pai. Descobriram que eram, de fato, primos – ainda que muito distantes.

Mais tarde, Almeida Prado musicaria também os "Pequenos funerais cantantes ao poeta Carlos Maria Araújo", que Hilda só publicou na coletânea *Poesia (1950/1979)*, lançada em 1980. O poeta português era um dos grandes amigos da escritora, mas morreu precocemente, em 1962, aos 41 anos. Ainda assim, sua influência na vida dela perduraria – foi quem a presenteou com o livro *Carta a el Greco*, que teria importância fundamental para as decisões que tomaria na década de 1960.

Com a obra musical, chamada apenas de "Pequenos funerais cantantes", Almeida Prado ganharia o I Festival de Música da Guanabara, cujo prêmio o levou à Europa por quatro anos, distanciando-o de Hilda. Apenas em sua volta, após dez anos sem falar com a prima, o músico iria visitá-la.

Hilda e João Ricardo tinham o costume de viajar, principalmente para as praias de Guarujá e Peruíbe. Durante uma das temporadas em Peruíbe, na qual o casal fora acompanhado por

Lygia Fagundes Telles, João Ricardo contraiu uma gripe. Teve altas de temperatura, convulsões e delírios. Chovia muito, e eles não conseguiam sair da casa onde estavam hospedados nem chamar um médico. Sobrou para as duas escritoras cuidarem do doente que, desesperado, pensava: "Eu vou morrer com essas duas mulheres que não sabem fazer nada, só sabem escrever!" Alguns dias depois, para sorte de João Ricardo, a chuva diminuiu, e foi possível conseguir um barco para levá-los embora.

Hilda sempre teve certo descaso com os problemas cotidianos, como contas vencidas, por exemplo. Se o telefone não fosse pago, ela nem se irritava: "Ah, foda-se, deixa o telefone desligado". Em São Paulo, além dos namorados, que sempre ajudavam com esses pequenos detalhes, a salvação era seu Paulinho, o chofer, que cuidava de todos os pagamentos. Ele talvez ajudasse por um motivo especial: depois de trabalhar por anos com Hilda, confessou uma paixão por Bedecilda.

Para as tarefas da casa, havia Alice, uma empregada negra e muito organizada, e Fiorentina, a outra empregada, uma mulher de olhos muito verdes. As duas limpavam e cozinhavam para Hilda – que, sozinha, não saberia nem fritar um ovo. Quando João Ricardo conseguiu tal façanha, aliás, a namorada ficou espantada, dizendo:

— Que coisa, mas você quebrou um ovo e fritou!

Até mesmo as coisas mais naturais a impressionavam. Por ter trabalhado somente uma vez e por muito pouco tempo, ela nunca se acostumou ao mundo paulistano do trabalho. Assim, certa vez, quando passeava com João Ricardo pelo centro da cidade, perguntou:

— O que esses homens estão fazendo, andando de um lado para o outro com essas pastinhas?

A resposta foi óbvia:

— Eles estão trabalhando, Hilda, ou você não sabe que existe isso?

Ela apenas concordou e continuou achando engraçado. Em sua mente, trabalho talvez fosse algo mais próximo a estar sozinha, em casa, ajustando um verso ou pensando sobre questões metafísicas e profundas.

Havia períodos em que Hilda se isolava, trancava-se em seu quarto, ficava sem aparecer em nenhum evento ou receber amigos em sua casa. Ela dizia que a incomodava muito ser solicitada demais, e que, dessa forma, não conseguia escrever. Às vezes acordava irritada, e brigava com João Ricardo. Chegaram a ficar separados por uma semana, e depois reataram.

Quando estava escrevendo, Hilda tinha uma regra: nada de sexo. Segundo ela, era muita perda de energia. Na realidade, àquela altura, enquanto demorava para escrever um volume, a escritora nem bebia. Ao terminar, claro, era uma festa.

Hilda e João Ricardo Barros Penteado ficaram juntos por três anos, e quem terminou definitivamente o relacionamento foi ela, alegando que a diferença de idade entre os dois, de oito anos, começava a pesar. Logo, ela estaria muito mais velha, e acabaria sofrendo. Após o fim, João Ricardo, muito abalado, mudou-se para o Rio de Janeiro, onde permaneceu por cerca de quatro anos. Os dois se veriam apenas mais uma vez, muitos anos depois, em uma visita de João Ricardo.

4
TRANSMUTAÇÃO

Em uma tarde de 1963, Hilda passeava pela rua Augusta – então povoada de lojas caras, frequentadas pela elite paulistana – com Marilda Pedroso. Dante Casarini, funcionário do Ministério da Fazenda no Rio de Janeiro de férias em São Paulo, também passeava. Hilda experimentava uma roupa na loja Maria Picola quando o viu, através da vitrine. Ousada e com a roupa pespontada, não hesitou em ir até a porta da loja, magnetizada pela beleza do rapaz:

— Meu nome é Hilda; este é meu telefone — disse-lhe, estendendo um papel onde anotara seu número. — Eu quero me encontrar com você.

À noite, ele ligou para Hilda – que mandou seu chofer buscá-lo no hotel onde estava hospedado. Quando chegou à casa, no Sumaré, o rapaz encontrou a mesa preparada para um jantar à luz de velas. Durante o encontro, porém, Dante bebeu muito e acabou dormindo. Ainda assim, passaram a se encontrar toda noite, ao estilo de Hilda: saíam com Bráulio e Marilda, indo a bares, eventos e festas.

A escritora também continuava dando festas em sua casa, sempre cheia de pessoas. Entre elas, Cláudio Abramo, jornalista,

Jô Soares, Eva Vilma, Tarcísio Meira. As férias de Dante acabaram, mas o funcionário público continuou em São Paulo com sua nova namorada – voltou ao Rio apenas para arquitetar sua transferência. Depois de um ano em que moraram juntos no Sumaré, Hilda fez a ele uma proposta: por que os dois não iam juntos para a Fazenda São José, na época pertencente à mãe dela, em Campinas? Ele aceitou sem hesitar, e mudaram-se para uma casa improvisada na sede da fazenda.

A casa em São Paulo – que seria desapropriada na década de 1970 para a construção do metrô – foi vendida para Ruth Escobar. Com o dinheiro da transação, puderam estruturar a mudança. Hilda ganhou de presente de Bedecilda uma área de 50 mil metros quadrados para começar a construção de uma casa. A partir de então, a escritora começou a projetar a nova construção: uma casa de dois andares, com um pátio retangular no meio, janelas em arco e uma varanda na frente. As paredes foram pintadas de branco. Mais tarde, uma nova pintura, em tom de rosa envelhecido, deveria dar à casa aparência de antiga. No jardim, uma enorme figueira recebeu em seus galhos um balanço.

Durante quase um ano, Hilda e Dante acompanharam a construção, e não era difícil vê-los montados em um cavalo, supervisionando os trabalhos. Em junho de 1966, a construção foi finalizada – sem o segundo andar, pois os recursos não foram suficientes – e nasceu a Casa do Sol, nome escolhido por Hilda, para onde ela se mudou com Dante no dia 24 daquele mês.

Exatamente três meses depois da mudança, em 24 de setembro de 1966, Hilda recebeu uma notícia: seu pai, que já há algum tempo vinha sendo cuidado por familiares, em Jaú, falecera. O laudo médico indicava como causa da morte "infarto do miocárdio – distrofia generalizada – esquizofrenia". A causa era mesmo o infarto – a esquizofrenia, doença considerada de base no caso do Apolônio, pode ter agravado sua condição física. Pacientes com esse transtorno frequentemente entram em estado catatônico e param de se alimentar, levando o corpo à distrofia.

A filha recebeu a notícia com tristeza, mas, ao mesmo tempo, com certa conformidade. Afinal, já sabia havia bastante tempo que as consequências da doença de Apolônio eram inevitáveis.

Na fazenda de Bedecilda, havia um antigo capataz que durante muitos anos servira a casa mas começou a criar problemas. Ele tinha, por exemplo, o costume de arrancar a cerca da propriedade para que seu gado pudesse pastar por lá. Um dia, cansada do capataz, Hilda ameaçou:

— Se você entrar aqui, eu passo fogo!

O homem reportou o incidente e foram todos parar na delegacia. Lá, Dante tentou defender a namorada, mas não foi nem ouvido pelo delegado – que não quis saber quem era aquele amigo:

— O que o senhor é dela? Marido?

Perplexo, Dante não conseguiu se defender, nem ao menos dizendo que era como se fosse o marido. E negou.

— Então, cale a boca! — determinou o delegado.

Hilda decidiu: ninguém mandaria homem seu calar a boca. Saindo da delegacia, disse ao namorado:

— Dante, a gente casa amanhã.

Ele a aceitou como esposa alguns dias depois, em 31 de julho de 1969, em uma festa regada a vinho chileno, com a presença de um padre, um juiz de paz e de ambas as famílias na Casa do Sol. O juiz e o padre celebraram a cerimônia, e Hilda e Dante passaram, então, a ser oficialmente marido e mulher. Bedecilda ficou satisfeita com a decisão, que também garantiria o respeito de seus empregados pela filha.

Embora, bem à maneira de Hilda, o casamento tenha acontecido mais por aspectos práticos do que propriamente amorosos – não só pela motivação, mas também porque o casal já não estava tão apaixonado –, algo estava em gestação.

O marido se tornaria um grande companheiro para Hilda, resolvendo os problemas cotidianos: pagando contas, coisa a que sua mulher ainda não se habituara, viajando a Jaú para resolver os trâmites da herança que Apolônio deixara para a filha, administrando a casa.

Livre de problemas terrenos, podendo dedicar-se exclusivamente à leitura e à sua produção, Hilda Hilst começaria uma transformação muito maior do que a simples mudança para a Casa do Sol. Não só por conta das túnicas que passou a vestir, ou dos pratos de barro que adotou para suas refeições, ou, ainda, pelo fato de estar próxima à terra, afinidade que atribuía à hereditariedade e ao signo de Touro.

Motivada pela leitura de *Carta a El Greco*, de Nikos Kazantzakis, livro que prega uma nova relação do homem com Deus e com a natureza e a necessidade de isolamento para conhecer realmente o ser humano, a escritora iniciou um período de retiro, que duraria sua vida inteira. Houve uma coincidência entre o fim da vida agitada na capital paulista e sua necessidade de se apartar para dar continuidade à produção literária:

"É necessária a distância para se conhecer melhor o próximo, o outro. De perto, como eu estava, era muito difícil. Não via nada por inteiro e, também, não via a mim por causa das invasões do cotidiano em sociedade".

A nova fase ficaria marcada também na literatura que produziu a partir de então. Uma das amigas com quem Hilda discutiria sua mudança e sua revolução espiritual foi a crítica literária Nelly Novaes Coelho. As conversas eram sempre motivadas pelas queixas de Hilda quanto à baixa popularidade de sua obra:

— Quem é que vai entender o que você escreve, mulher? Hilda, espera, que daqui a cinquenta anos você será *best-seller*!

— Eu não quero a glória que vem fria, quero agora!

Para Nelly, na verdade, talvez cinquenta anos ainda fosse muito pouco. Apenas quando toda a civilização se transformasse, as pessoas seriam capazes de entender o que Hilda escrevia. Na opinião da crítica, suas ideias e seus valores eram muito avançados.

Do retiro de sua fazenda, a escritora poderia refletir de maneira aprofundada: "Porque eu senti a urgência do Tempo que escorre rápido e compreendi que precisava me isolar para meditar profundamente sobre tudo o que é decisivo: o conhecimento de nós mesmos, da natureza, da convivência com o próximo, o amor, a morte, o envelhecimento, o artista, a transcendência ao mesmo tempo lírica e metafísica da vida e de Deus, da crueldade, do júbilo, da paixão".

O lado mais terreno da mudança se manifestaria em um antigo sonho que a escritora, enfim, poderia concretizar: criar cachorros. O terreno ao redor da construção serviu de abrigo a dezenas deles, que chegavam por razões diversas: atraídos pela comida, pela atenção e pela companhia de vários outros cães; trazidos por donos que não conseguiam mais manter seus animais, entregues por pessoas que os encontravam abandonados e sabiam que Hilda os acolheria; recolhidos por ela mesma, que os achava largados na rua. Ao longo do tempo, a criação foi crescendo. No fim da década de 1990, a escritora teria mais de noventa cachorros. Constantemente questionada a esse respeito, ela não hesitava em dizer:

— Eu sempre me identifico com a vítima, talvez por isso ame tanto os cães.

Para Dante, antigo funcionário público, a mudança para a Casa do Sol também teria um grande significado. Por incentivo de Hilda, entusiasta das atividades criativas, ele, que parara de trabalhar, passou a esculpir. Um de seus primeiros trabalhos, um grande totem de cerca de 3 metros, foi colocado no pátio da casa. Suas esculturas, vendidas em São Paulo, Rio de Janeiro e até mesmo na Alemanha, tornaram-se uma fonte de renda para a casa – que, ademais, só sobrevivia do dinheiro da herança de Hilda, pois seus livros não lhe rendiam quase nada.

A primeira exposição de que Dante participou foi a convite de seu amigo J. Toledo, também artista plástico. O estreante expôs, em um espaço no bairro do Cambuí, em Campinas, esculturas em pedra-sabão. Pesando cerca de 15 quilos cada uma, e com motivos variados, as peças foram compradas pela própria galeria. Em retribuição, Dante deu a Toledo o primeiro livro de esculturas que havia ganhado de Hilda e o convidou a conhecer a Casa do Sol.

No dia em que Toledo foi à casa, encontrou Hilda na biblioteca (que continha cerca de mil títulos), vestindo luvas brancas e arrumando os livros. Ao ver o convidado e Dante chegarem, a poeta abriu um sorriso e estendeu a mão para cumprimentá-lo. Recebeu, em retorno, um susto. Olhou para sua mão e percebeu que estava segurando uma enorme aranha, que acabara de tirar do meio dos livros, onde havia colocado veneno para matar insetos. Os três riram, e foram para a sala conversar. Toledo se tornou um dos principais frequentadores da casa. Apesar de sua proximidade com Hilda, dizia nunca ter-lhe revelado seu maior mistério: o significado de "J." em seu nome.

As reuniões entre amigos na Casa do Sol eram bastante frequentes. Fosse pela manhã, enquanto, reunidos na mesa do café, contavam seus sonhos, fosse à tarde, quando todos almoçavam na mesa do pátio interno, ou, ainda, no início da noite, ao se abrirem as primeiras garrafas de uísque.

No clima das tertúlias, o grupo de amigos viveria a fase dura da política brasileira, após o golpe de 1964, afastados da repressão mais dura que teve início em 1968, com a decretação do Ato Institucional nº 5. Intelectuais de posições libertárias e contrárias ao regime militar, não sofreram perseguição política – provavelmente por estarem em lugar afastado. Ainda assim, Hilda assumiu algumas posições de resistência, como abrigar na Casa do Sol o físico e amigo Mario Schenberg, perseguido pelos militares.

Essa combinação, fermentada no calor dos debates entre os amigos reunidos, teria efeitos importantes na literatura que Hilda escreveu no período. Em um livro publicado em 1974, após sete anos de silêncio poético, a autora se posiciona abertamente contra a repressão: *Júbilo, memória, noviciado da paixão*, livro de poemas amorosos, se encerra com um conjunto de composições francamente engajadas – "Reis, ministros/ E todos vós, políticos,/ Que palavra/ Além de ouro e treva/ Fica em vossos ouvidos?", pergunta em um dos "Poemas aos homens de nosso tempo".

Ainda na década de 1960, o clima da época levaria Hilda à produção repentina de oito peças de teatro entre 1967 e 1969 – o que um crítico futuramente chamaria de "jorro dramático". "Eu tinha muitas coisas a dizer e queria fazer isso imediatamente", justificaria, de um modo que poderia também iluminar as razões para ter-se iniciado na escrita em prosa, o que aconteceria na mesma altura.

A necessidade de comunicação estava sintonizada com a ideia defendida por Nelly Novaes em suas conversas com Hilda: "Nós vivemos num mundo em que as pessoas querem se comunicar de uma forma urgente e terrível. Comigo aconteceu também isso. Só poesia já não me bastava. [...] Procurei conservar nas minhas peças certas dignidades da linguagem. [...] o homem quando entra no teatro deve sentir uma atmosfera diferente daquela que sente no cinema. Uma sala de teatro deve ser quase como um templo. Todo aquele que se pergunta em profundidade é um ser religioso. Tentei fazer isso em todas as minhas peças".

As peças eram escritas rapidamente. E da mesma forma eram entregues a amigos, diretores de teatro, pois assim, acreditava Hilda, seus textos seriam levados rapidamente ao palco, atingindo o público sem demora.

No início, os planos da escritora pareciam se concretizar. O grupo de teatro da Escola de Artes Dramáticas da Universidade de São Paulo levou, em outubro de 1969, *O rato no muro* para as ruas de Manizales, na Colômbia, durante o II Festival Latino-Americano de Teatro Universitário – provavelmente motivados pelo fato de a escritora ter feito a eles, no ano anterior, uma leitura da peça. Dirigidos por Teresinha Aguiar, os estudantes encenaram a peça em forma de procissão – correndo pelas ruas até chegar à catedral central. Embora o grupo não tivesse conseguido se inscrever a tempo para o prêmio do festival, dois jornais deram atenção ao evento: *El Tiempo* dedicou à encenação uma matéria intitulada "El teatro salió a la calle" ("O teatro saiu à rua") e *La Patria* afirmou que os atores universitários "poderiam atuar sem concessões em qualquer cenário experimental do velho mundo".

No mês seguinte, em outubro de 1969, *O verdugo* recebeu o Prêmio Anchieta. A comissão formada por Antonio Abujamra, Gianni Ratto e Ivo Zanini a escolheu como merecedora do prêmio em dinheiro mais a impressão da peça, entre os textos *Os bastardos*, de Mauro Rasi, e *Walfredo, meu anjo*, de Benedito Rodrigues Filho.

A peça, contudo, só seria encenada em 1973, sob a direção de Rofran Fernandes – que lera todo o teatro produzido por Hilda quando se hospedou na Casa do Sol. Hilda estava bastante entusiasmada. Gostara muito do que vira nos ensaios – presenciara o primeiro apenas nove dias antes – e pedira que Rui Mesquita e Júlio de Mesquita Neto lhe dedicassem boas coberturas no jornal *O Estado de S. Paulo*.

De fato, o início teve boa repercussão no público e na imprensa. Não só *Estado*, que em 10 de junho publicou que "há três semanas o público vem lotando o Teatro Oficina", como também *Folha de S.Paulo, Veja, Diário de S.Paulo* e *Jornal da Tarde* lhe dariam atenção e boas críticas. As matérias falavam em uma grande produção, com altos investimentos e contando com 25 atores. Hilton Viana, no *Diário*, afirmaria, doze dias após a estreia: "O público que tem comparecido ao teatro não se limita a assistir ao espetáculo, mas no final todos vão cumprimentar a poetisa".

Na mesma reportagem a autora se mostra bastante satisfeita com o tratamento do diretor da peça: "Rofran tem vigor, talento e rara sensibilidade. Foi um encantamento ver o meu trabalho dirigido por um homem de surpreendente agudeza, e que compreendeu imediatamente que o relógio da poesia muitas vezes anda mais depressa e com mais maestria do que aquele da física. Rofran Fernandes degustou meu texto e deu a *O verdugo* incontestável abertura e grandeza".

Mas a peça não agradaria ao crítico Sábato Magaldi, de *O Estado de S. Paulo*. Não convencido da ação dramática, escreveu, logo no título: "A peça é original, mas irrita em vez de emocionar". E acusa Fernandes de carregar na "crispação histérica" para compensar a falta de dramaticidade do texto. Contudo, dois aspectos foram valorizados por Magaldi: as criações de José Tarcísio, o figurinista, e "o cuidado geral da produção, que lança no teatro o empresário Tom Santos" – homem que financiou o espetáculo.

Santos seria elogiado também por *O Estado de S. Paulo*, que lhe atribuiu o êxito de ter atraído público para o teatro – a baixa frequência era problema já naquela época. O sucesso econômico teria sido alcançado a partir de duas medidas: a redução do preço das entradas e a venda de pacotes a grupos estudantis.

Foi essa experiência que levou o empresário a criar o Teatro Aplicado, um grupo e um espaço dedicados a divulgar atores brasileiros desconhecidos pelo público. Até 1987, quando voltou a encenar um texto de Hilda, o Aplicado realizaria dezessete espetáculos para adultos, dez para crianças e trezentos debates sobre teatro e dramaturgia brasileira. Em sua segunda experiência com um trabalho da autora, Santos voltaria como diretor.

A estreia de *O auto da barca de Camiri* marcou também uma nova fase do grupo. Dois anos antes, Tom Santos vendera o espaço do grupo – o Teatro Bibi Ferreira, na avenida Brigadeiro Luís Antônio, 931, próximo ao centro da cidade – por dificuldades financeiras. No dia 21 de dezembro de 1987, o Teatro Aplicado renascia. Desta vez, à rua Major Diogo, também no Bixiga.

A crítica não receberia tantas novidades com o mesmo entusiasmo. Embora, mais uma vez, a estreia tenha ganhado a atenção da grande imprensa, o crítico Alberto Gusik, do *Jornal da Tarde*, afirmaria que Hilda, cuja peça "é pura poesia verbal", e o Aplicado mereciam "mais ousadia e brilho". Cenário e figurino tinham "cara de sobras reaproveitadas", e a direção de Santos usava "clichês e maneirismos dos anos [19]60, ressuscitados sem brilho".

Em maio de 1978, o teatro hilstiano, fora do circuito profissional havia cinco anos, reapareceu na televisão. A TV Cultura veiculou uma montagem especial de *O visitante*, considerado por Anatol Rosenfeld uma "pequena obra-prima, completamente original e sem nenhum paralelo na literatura dramática brasileira". Desta vez, Rofran Fernandes assumiria também o papel principal.

O público carioca só conheceria Hilda dramaturga em setembro de 1982, quando estreou *As aves da noite* no Teatro Senac. Durante dois meses, a autora esteve lá, com suas túnicas largas, compridas e estampadas, e o cabelo claro amarrado na nuca, acompanhando os ensaios. Quando não estava ao lado do diretor Carlos Murtinho, que a convidara, Hilda passeava pela cidade com a amiga Marilda Malheiros.

Entre suas peças, *As aves da noite* seria, talvez, aquela cuja confecção mais emocionaria a autora. Baseada em um fato verídico, de que Hilda tomara conhecimento durante a leitura de *O vigário*, de Rolf Hochhuth, a peça narra, em tom ficcional, o que teria acontecido com prisioneiros de campos nazistas jogados ao Porão da Fome. O fato real ocorreu em Auschwitz, em 1941. Em represália a uma tentativa de fuga, os agentes nazistas sortearam judeus para que morressem naquele porão. Diante do desespero de um dos sorteados, um padre franciscano, Maximilian Maria Kolbe, ofereceu-se para ocupar seu lugar. A troca foi aceita pelos nazistas. Kolbe, descrito por Hilda como "um homem especialíssimo, com nostalgia de santidade maior do que os outros", seria canonizado em 10 de outubro de 1982, pelo papa João Paulo II. E a escritora, que imaginara discurso e postura fantásticos para aquele homem, reagiria: "Se ele já tivesse sido canonizado, em 1968, acho que eu não escreveria a peça. Teria de colocar coisas na sua boca muito afins com sua santidade. Mas eu o imaginei como um homem em luta, que se ofereceu para morrer num impulso".

Somente na década de 1990 o teatro de Hilda entraria novamente em cartaz, com montagens de grupos amadores em diversas cidades: São Paulo, Rio de Janeiro, Cascavel e Campinas. Alguns grupos também se dedicariam a encenar adaptações de outros textos da autora – como a novela *A obscena senhora D*.

A maior parte dessa produção teatral foi escrita pela autora na Casa da Lua, uma propriedade comprada por Hilda e Dante em 1968, na praia de Massaguaçu, próximo à Ubatuba. No terreno de 1.000 metros quadrados, a 60 metros do mar, construíram uma casa pequena, de dois quartos, branca e com janelas azuis. Na frente havia um terraço. A praia, quase deserta, era uma vila de pescadores.

Quando não estava escrevendo, Hilda gostava de nadar no mar. As visitas eram frequentes, especialmente da parte de Dante, que saía de Campinas para Massaguaçu mesmo durante a semana, sozinho, com amigos ou com os sobrinhos de Hilda. O maior deles tinha, à época, cerca de 10 anos. Nas vezes em que Hilda os acompanhava virava, de fato, a "tia Hilda" – levava as crianças para brincar na praia, contava histórias e até tentava cozinhar.

Para escrever suas peças, Hilda estudou alguns livros. Entre eles, *O capital monopolista*, de Paul Sweezy. Em uma das noites em que, na sala da Casa do Sol, lia esse livro, ouviu um chamado:

— Vem aqui fora ou não vai mais dar tempo.

Dante estava deitado no sofá, do outro lado do aposento. Hilda imaginou que fosse ele a chamá-la:

— Você falou comigo, Dante?

Diante da falta de resposta, pensou: "Só falta eu agora começar a ouvir vozes". Hilda tentou esquecer, mas logo ouviu novamente:

— Se você não vier aqui fora agora, não vai mais dar tempo.

— Ah, meu Deus — disse, fechando o livro e indo até a entrada principal.

A 15 metros do chão, um disco luminoso, com uma pirâmide em cima, flutuava.

— Meu Deus, um disco voador! — falou, embasbacada.

Hilda começou a bater no vidro da janela para acordar Dante. E gritava:

— Dante! Um disco voador! Dante!

Ele conta ter se levantado com pressa e assustado. E diz que, quando chegou à janela, viu o objeto se liquefazer, transformando-se em uma bola de luz, uma espécie de mercúrio líquido. A luz sumiu lentamente, flutuando em direção à casa que fora de Bedecilda. E sumiu.

Conforme suas anotações posteriores, Hilda tinha certeza de que isso se passara no dia 21 de agosto, mas tinha dúvidas quanto ao ano: seria 1966 ou 1967. Seus comentários em diários sobre episódios como esse são recorrentes e demonstram como a escritora se impressionava com assuntos sobrenaturais.

Um dos amigos que presenciaram esses eventos ao lado da escritora foi José Luis Archanjo. Filósofo, ele e sua irmã, a poeta Neide Archanjo, conheceram Hilda e Dante quando o casal morava na fazenda, por conta do interesse de Neide pela obra de Hilda. Foram apresentados por um amigo em comum – e logo se tornaram frequentadores da Casa do Sol.

Em uma noite de dezembro de 1966, por volta das 20 horas, Hilda e José Luís olhavam para o céu, quando um fenômeno lhes chamou a atenção. Em uma velocidade semelhante à de um avião em voo, as estrelas que compõem o Cruzeiro do Sul teriam se movimentado e trocado de posição. Em seu diário, ela assegura que estavam em "lucidez plena". O evento se tornaria uma cena de *Fluxo-floema*, seu primeiro livro em prosa: "De repente eu vi que épsilon começou a andar lentamente em direção a alfa, andou, andou, chegou até alfa, contornou alfa e desapareceu, e eu pensei, que besteirada, isso é impossível, as estrelas não andam assim, isso eu sei desde pequenininho, e depois de pensar assim, vi que beta começou a andar lentamente em direção a gama, andou, andou, contornou gama e desapareceu. [...] e pensei mas que loucura aquilo é o cruzeiro do sul etc., elas andaram, eu vi que elas andaram assim com a velocidade de um avião, eu vi, e fiquei olhando o cruzeiro sem épsilon e sem beta, pensei ma dove vanno, acabei de pensar quando épsilon e beta ressurgiram ao mesmo tempo, e o cruzeiro ficou como sempre".

Em carta a Hilda datada de 29 de abril de 1969, Caio Fernando Abreu comenta essa e outras passagens do livro e sua ligação com os fenômenos que Hilda estava acostumada a presenciar: "Comecei o *Osmo* rindo feito uma hiena, acho que nunca li nada tão engraçado em toda a minha vida, mas, você sabe, o humor em si não basta, pelo menos pra mim. Quando a coisa é pura e simplesmente humor, fica um enorme espaço vazio entre a coisa e eu: somente as risadas não enchem esse espaço. Por isso eu ria e me preocupava: meu Deus, será que ela vai conseguir? Aí, quando a minha preocupação com o excesso de humor estava no auge, começaram a aparecer no texto os 'elementos perturbadores': a estória do Cruzeiro do Sul (ninguém vai desconfiar jamais que você viu MESMO aquilo), o 'grande ato', a lâmina, os pontos rosados".

Hilda sempre procurou estudar os fenômenos que teria presenciado. Em um caderno de espiral, anotou as movimentações

" Eu deveria ter grifado aquela frase "Deus é um nome incomunicável", e deveria ter trocado Deus pela palavra homem, e então ficaria assim: homem é um nome incomunicável.

do Cruzeiro do Sul, inclusive desenhando como elas teriam acontecido. Nas páginas seguintes, colecionou pedaços de jornais que tratavam de fenômenos sobrenaturais. Em um deles, com anotações feitas em 24 de abril de 1967, está a notícia sobre aparições luminosas em Ramos, subúrbio do Rio de Janeiro: "Objetos luminosos que se locomovem com extrema rapidez, para, logo em seguida, ficarem estáticos no firmamento" – algo semelhante às descrições da escritora.

Archanjo teria presenciado ainda outra história estranha. Quando ele e Hilda folheavam a biografia de Teresinha de Lisieux, uma das santas preferidas da escritora, notaram um erro de impressão: em uma mesma capa, havia dois livros, de modo que, na metade das páginas, a história terminava e começava de novo. Sem faltar nenhum pedaço e nenhuma foto. Aproveitando a oportunidade, o amigo, interessado na leitura, pediu:

— Hilda, já que você tem dois, pode me dar um? — ele pediu.

A amiga, sempre generosa, consentiu. Quando foram tentar separar o volume duplicado, contudo, não havia mais dois livros. Nunca chegaram a entender o que aconteceu.

Desde o começo da década de 1960, Bedecilda se afastara da fazenda, para voltar a morar em São Paulo, em seu apartamento na avenida Vieira de Carvalho, onde era frequentemente visitada por Hilda e Ruy. Porém, como acontecera com Apolônio, ela começava a dar sinais de uma doença mental, degenerativa: esclerose. Seu comportamento tornou-se tão estranho quanto o do ex-marido: para atravessar a rua, por exemplo, Bedecilda esperava pacientemente na calçada, até que o sinal para carros ficasse verde. Ela também deu dois ternos caros, pertencentes a Ruy, para dois pintores que trabalhavam em sua casa, achando que eles estavam com frio, e contratou como empregada uma desconhecida que chorava na rua, por pena.

Pouco antes de se mudar para a recém-construída Casa do Sol, Hilda decidiu internar a mãe em um sanatório em Campinas, a Casa de Saúde Bierrenbach. A decisão, porém, provocou grande discussão familiar, já que Ruy era contra a internação. A vontade de Hilda venceu, e Bedecilda permaneceu no sanatório até morrer, em 31 de maio de 1970.

Após a internação, Hilda nunca mais viu a mãe. Pouco antes de morrer, Bedecilda disse a Ruy e Vilma que gostaria muito de ver a filha – que não atendeu ao pedido, talvez evitando vê-la doente. Ainda que sentisse ter tomado a decisão correta, Hilda passaria a carregar, desde então, um sentimento de culpa.

O último a ver Bedecilda, no dia de sua morte, foi Dante, que lhe fazia visitas constantes. Ele permaneceu pouco tempo no quarto. Ao sair, notou que ela, sem poder falar, deixou cair uma lágrima. Pouco depois de voltar à Casa do Sol, ele recebeu um funcionário do sanatório, que saíra quase atrás dele, para avisar que Bedecilda havia morrido.

Ruy e Hilda herdaram, cada um, metade da Fazenda São José. Da parte do pai, Hilda contava com uma quantia mensal vinda da família Hilst, proveniente da produção da fazenda em Jaú, além do montante que havia herdado. Porém, nos anos seguintes à mudança de Hilda e Dante para a casa, o dinheiro foi escasseando – talvez porque Hilda tivesse a mania de gastá-lo com coisas caras e, na opinião do companheiro, desnecessárias, como uma coleção de mesas de madeira.

Assim, Dante precisou, durante alguns meses, voltar a trabalhar em São Paulo, na empresa de automóveis de seu pai. Ele acordava de madrugada, para abrir a companhia, e retornava a

Campinas a cada dois dias, levando mantimentos para Hilda – ela ficava em casa com uma empregada e algum amigo que, eventualmente, estivesse morando lá.

Não era difícil que qualquer desconhecido rapidamente se tornasse amigo de Hilda – e fosse quase que imediatamente convidado a se mudar para lá. José Luís Mora Fuentes, que chegou à Casa do Sol em 1967, com 17 anos, experimentaria isso.

O jovem fora levado à casa de Hilda por sua irmã, que, sabendo de sua fama em relação aos animais, queria entregar um cachorro à escritora, e achou que o irmão, amante da literatura, gostaria de conhecê-la. Ao chegar, foram recebidos por Hilda e Dante, e imediatamente deram-se muito bem. Conversaram por um longo tempo, e Hilda pediu a José Luís que voltasse à casa no fim de semana seguinte, para passar alguns dias lá.

Apesar de morar em São Paulo, ele atendeu animado ao pedido e, no sábado seguinte, estava de volta ao portão da Casa do Sol. Ao ser recebido por Hilda, porém, teve uma surpresa: ela não se lembrava nem do menino, nem muito menos de tê-lo convidado para passar o fim de semana. Dante, da mesma forma, não tinha nenhuma lembrança de José Luís.

Ainda assim, mandaram-no entrar, e passaram a noite conversando. Acharam que José Luís lembrava um outro amigo, que coincidentemente tinha o mesmo nome: José Luis Archanjo. Fazia poucos meses que os irmãos Archanjo haviam tido uma terrível briga com Hilda e Dante, cujo motivo permanece oculto. O distanciamento entre eles foi definitivo: nunca mais se falariam.

José Luís Mora Fuentes – apelidado de Mora –, por outro lado, tornou-se rapidamente um grande amigo de Hilda, e logo foi convidado para morar na Casa do Sol, pedido que aceitou algum tempo depois, em outubro de 1969, quando completou 18 anos.

Mora conviveria também com outro escritor, Caio Fernando Abreu, que frequentou a Casa do Sol entre 1968 e 1969, quando, com 20 anos, acabara de sair da Faculdade de Letras da Universidade Federal do Rio Grande do Sul para trabalhar em São Paulo.

Caio fora apresentado a Hilda pela atriz e jornalista Ana Lúcia Vasconcelos, que se tornara amiga da escritora quando tentou encenar suas peças com um grupo de atores da Unicamp. Em 1968, então com 19 anos, Caio chegava de Porto Alegre para um curso de jornalismo com Mino Carta, durante o qual conheceu Ana Lúcia. Os alunos formariam a primeira equipe da revista *Veja*, então um lançamento da Editora Abril.

Caio passava grandes períodos com Hilda e Dante na Casa do Sol e na Casa da Lua, mas não chegou a se estabelecer ali de forma fixa, já que mantinha também uma residência em São Paulo. Ele compartilhava com Hilda, além da dedicação à literatura, o interesse por astrologia e misticismos em geral. E foi de forma mística que seu período na Casa do Sol interferiu em sua trajetória.

Era uma noite de lua cheia, e Caio, Hilda, Dante e Mora conversavam embaixo da figueira. Subitamente, Caio sentiu que poderia fazer qualquer pedido, que tudo daria certo. À época, ele sofria com um problema que o envergonhava diante dos amigos e o impedia de conversar livremente com desconhecidos: sua voz era estridente como a de um garoto, embora ele já estivesse com mais de 20 anos de idade. Algumas noites antes,

Hilda e Dante haviam-no presenteado com um gravador, dizendo a ele que treinasse a voz, pois seria um grande repórter.

Olhando a lua, Caio fez, naquela noite, três pedidos: que sua voz engrossasse, que ele se mudasse para o Rio de Janeiro e que ganhasse um prêmio literário. Apenas um dia depois, recebeu uma carta de um amigo carioca, dizendo-lhe que podia ficar hospedado em sua casa. Passaram-se mais duas noites até que, gravando seus exercícios no gravador, Caio notasse uma brusca mudança em sua voz: ela havia ficado grave, como a de um locutor de rádio.

Ele correu a contar a notícia aos amigos, que creditaram a mudança a algum tipo de poder mágico da figueira. Antes mesmo que Caio tivesse a chance de ir para o Rio de Janeiro, seu último pedido se realizou: ele era o vencedor do Prêmio Fernando Chinaglia de 1970, por seu conto *Inventário do irremediável*. Com seus pedidos atendidos, Caio mudou-se de São Paulo, e todos tentaram repetir sua sorte, fazendo regularmente pedidos à lua cheia, embaixo da figueira. Nunca mais, porém, a história se repetiu.

Logo depois, Caio Fernando Abreu anunciaria em uma reportagem que, entre 1969 e 1970, Hilda fora tomada pelo "vírus da ficção": seguindo recomendação de Anatol Rosenfeld, lançou-se à prosa, publicando, em 1970, *Fluxo-floema*. O crítico também elogiaria a escritora, descrevendo-a como uma das poucas escritoras no mundo a experimentar, "alcançando resultados notáveis", os três principais gêneros literários.

Dentro do círculo de amigos e escritores que Hilda formou em sua casa, havia um acordo tácito: quando um deles tinha a oportunidade, falava bem dos outros para a imprensa. Por isso, ela tinha ciúme quando alguém elogiava um escritor de fora do círculo de amigos.

Caio Fernando mencionou, certa vez, durante uma entrevista, Bruna Lombardi, que, em 1976, acabava de lançar seu primeiro livro de poesias, *No ritmo dessa festa*. Hilda teve uma séria discussão com o amigo.

A atriz ainda mandou um exemplar de seu livro a Hilda, que nem se deu ao trabalho de ler, chamando-o de "poesia medíocre". Mas Bruna ligava diversas vezes para a Casa do Sol, querendo saber a opinião de Hilda, que sempre desconversava. Quatro anos depois, Bruna, ainda inconformada, decidiu ir à noite de autógrafos de *Tu não te moves de ti*, na Livraria Cultura, e encurralou a escritora:

— Hilda, hoje você não me escapa. Afinal, o que você achou do meu livro?

A poeta, já depois de beber um pouco, retrucou:

— Olha, você é tão linda, fica tão bem na televisão...Você deveria continuar por aí mesmo, porque você é um corpo bonito, sua poesia é péssima.

Bruna, chocada, foi embora. Os amigos presentes ainda tentaram dizer a Hilda que aquilo fora uma grosseria desnecessária, mas só ouviram como resposta:

— Eu não aguento mais ela me perguntando daquela merda, agora, pelo menos, não pergunta mais!

Rompantes que embaraçavam seus amigos não eram raros. Desde o início da década de 1970, Hilda frequentava a casa de José Aristodemo Pinotti, médico e professor de ginecologia e obstetrícia da Unicamp. Apresentados por Almeida Prado, logo se tornaram muito amigos, e a família de Pinotti – a mãe, Anna, sua mulher, Sueli, e os filhos, André, Mariana e Mirella – também começou a visitar frequentemente a Casa do Sol. Quando os três filhos do amigo encontravam Hilda, juntavam-se a seu redor, querendo ouvir histórias. Apesar de Hilda sempre ter dito não gostar de crianças – costumava chamá-las de "crionças" –, Mirella tornou-se bastante próxima da escritora. Ao crescer, passou a demonstrar crescente interesse por seus livros, e as duas conversavam longamente.

Já íntima de todos, Hilda passou a frequentar os almoços em sua chácara, localizada do outro lado da estrada Mogi-Campinas. Cada vez que ela, sem meias palavras e depois de beber, cometia uma gafe com os convidados de Pinotti, Almeida Prado sentia-se culpado. O anfitrião liberou-o da responsabilidade:

— Ela está na minha casa, eu resolvo. Você não é responsável.

Em um desses almoços, estavam presentes um importante empresário paulistano, que Hilda conhecia da época de faculdade, e sua mulher. Como fazia quase sempre ao ver amigos endinheirados, a escritora não perdeu tempo em pedir que ele financiasse seus livros ou desse a ela algum dinheiro. O empresário não deu atenção aos pedidos de Hilda. No meio do almoço, irritada, ela decidiu protestar:

— Você hoje está todo empoado, mas eu lembro que te levava comida na sua pensão, você era um pobretão. E lembro mais, na faculdade, seu apelido era "Rosinha"!

O casal, assustado com o tratamento, levantou-se e foi embora. Em outra ocasião, Hilda viu-se almoçando diante de mais um empresário que, durante a refeição, decidiu fazer um discurso sobre a abundância de oportunidades no Brasil e a facilidade de se ganhar dinheiro. Hilda, após declamar uma lista de palavrões, olhou o homem e fez um gesto de mão, em que unia os dedos polegar e indicador em um círculo, esticando os outros, e que queria dizer "no cu".

"O que é que há de errado
com o cu, eu me perguntava.
Obsceno não é o cu, mas
as bombas de Napalm, as
verdadeiras obscenidades,
as políticas, ninguém
toca nelas.

5

THE MEN I LOVE

Desde 1969, apesar de ainda morarem juntos, Hilda e Dante não eram mais um casal. A relação dos dois já vinha, há algum tempo, transformando-se mais em uma grande amizade do que um casamento. Eles nem dormiam mais no mesmo quarto. Decidiram, assim, separar-se informalmente. Apenas em 19 de maio de 1980 viria o divórcio.

Hilda começou a se relacionar com Mora Fuentes no fim de 1969. Apaixonados, eles resolveram conversar com Dante – para que tudo ficasse realmente esclarecido. O escultor também estava em uma nova fase – namorou durante alguns meses com Beatriz, que vivia em São Paulo. Como só Dante dirigia e Beatriz não tinha o hábito de ir a Campinas, o relacionamento começou a se desgastar. Foi, então, que ele se envolveu com Yara, que se tornaria sua mulher.

Embora desejassem passar mais tempo sozinhos, Hilda e Mora Fuentes conviviam bem com todos na casa. Continuaram a manter a rotina da Casa do Sol, com leituras, visitas de amigos e saídas para bares em Campinas – ainda que tudo isso acontecesse com menos frequência, para que pudessem se curtir melhor. Muitas vezes, o casal passava temporadas na Casa da Lua. Em Massaguaçu, Hilda escreveria *Kadosh*.

Com o tempo, porém, a paixão e o desejo físico foram arrefecendo. Mora Fuentes, conhecendo sua amante, compreendeu quando Hilda voltou a mergulhar na literatura. As relações se tornaram menos frequentes, e a escritora passava a maior parte de seu tempo lendo.

No fim de 1972, com o término do namoro, o casal sentiu que não era mais possível morar na mesma casa. Ele decidiu ir embora, após seis anos vivendo na Casa do Sol. Instalou-se em um minúsculo apartamento em São Paulo, na praça Roosevelt, e, por meses, não falou com a amiga, de quem continuou sentindo muita saudade.

Em uma noite no começo de abril de 1973, Mora voltava para casa, quando viu na porta de seu prédio uma mulher loira, usando um bonito casaco de pele, andando com um cigarro na mão. Pensou, saudoso:

— Imagina que bom se fosse a Hilda!

Era mesmo ela, esperando por ele. Diante do susto de Mora, Hilda explicou estar em São Paulo para acompanhar os ensaios da montagem de *O verdugo*, peça sua que estava sendo dirigida pelo ator, diretor e dramaturgo Rofran Fernandes. Mora a convidou a subir, e passaram a madrugada conversando. Depois dessa noite, viram que continuavam a se amar, ainda que apenas como amigos, e que não queriam mais ficar separados. Alguns meses depois, ele estaria de volta à casa de sua maior amiga, de onde não sairia por muito tempo. A história entre os dois escritores resultou em "Prelúdios intensos para os desmemoriados do amor", conjunto de poemas que integra *Júbilo, memória, noviciado da paixão*, livro de 1974 em que podem ser encontradas muitas referências biográficas aos amores vividos por Hilda até então.

Mora, por volta de 1975, levou para morar na Casa do Sol uma antiga namorada: Olga Bilenky. Eles haviam rompido o relacionamento antes da primeira visita do escritor a Hilda. Durante todo o período em que ele esteve por lá, mantiveram contatos discretos, principalmente por conta de Israel, irmão de Olga e grande amigo de Fuentes. Com a retomada do relacionamento, a namorada começou a frequentar a chácara e logo se estabeleceu por lá.

Não demoraria para que Hilda, também, se encantasse novamente. Era janeiro de 1973. O alto-falante do supermercado onde ela fazia as compras tocava um bolero. "*Dicen que la distancia es el olvido*", entoava Lucho Gatica, cantando "La barca". Sem saber explicar, ela ficou desesperadamente triste, e começou a chorar. Em uma tentativa de entender o que lhe ocorrera, ponderou:

— Me lembra um tempo feito de paixão. Coisa pungente. Não sei o que é. Não sei explicar. Tateio juventude, paixão, possibilidade de plenitude. Coisa que não volta, perdida.

Dias depois, quando foi a São Paulo, a escritora levou o disco com a canção ao apartamento de Lygia Fagundes Telles e Paulo Emílio Salles Gomes. Sentada, esperando que a amiga ligasse o toca-discos e fumando um cigarro, disse:

— A letra é encantadora. Conta sobre a mulher que vai embora na tal barca enquanto o amante continua na praia, esperando que ela volte após navegar.

O casal não ficou tão entusiasmado com o bolero. Mas Lygia comemorou: a amiga estava apaixonada. Logo, viria um grande livro.

Naquele ano, de fato, Hilda estava outra vez apaixonada. Talvez fosse mais um estado de espírito do que um sentimento por alguém específico. Afinal, ela lançaria, em 24 de abril de 1974, *Júbilo, memória, noviciado da paixão*, editado por Massao Ohno e composto por pequenos livros – nem todos dedicados à mesma pessoa.

A única certeza que se tem a respeito desse período é que Hilda se envolveu duas vezes. Na primeira, teve um caso curto e explosivo com um rapaz comprometido. Na segunda, apenas sofreu. Mas essas histórias permanecem ocultas, contando somente com dois tipos de evidências: as anotações nos diários de Hilda Hilst e seus poemas.

A estreia de *O verdugo*, no Teatro Oficina – que a levara a São Paulo e ao reencontro com Mora Fuentes –, aconteceu em uma segunda-feira de lua crescente, como Hilda observou. Ela assistira ao ensaio pela primeira vez nove dias antes, emocionada. Ao entusiasmo com a peça, vencedora do Prêmio Anchieta em 1969, somou-se outro sentimento: a paixão por Artur, um jovem de 23 anos, que conhecera quando ele esteve na Casa do Sol com o amigo J. Toledo, em março daquele ano, acompanhando a montagem da peça.

Bastou uma noite para que Hilda se dissesse em "combustão" e em "superplenitude". Foi então que ela o apelidou de Dionísio – que, na cultura grega, além de ser considerado o deus protetor do teatro, da vegetação e do vinho, é caracterizado como um deus alegre, que inspira adoração e prazeres corporais.

Dar codinomes aos amigos, aliás, era um hábito de Hilda. Mora Fuentes era Sapo, devido a uma brincadeira da escritora, que disse, certa vez, durante uma fofoca entre amigos, que os sapos nunca soltam veneno, a não ser que sejam mordidos – comportamento que ela associava a Mora.

Artur ensaiava outra peça em Campinas, que seria encenada no Teatro de Arena. Quando Hilda foi visitá-lo, ele ficou desconcertado:

— Você me atrapalha, mulher. Eu não tenho vontade de trabalhar mais quando você chega.

O romance duraria pouco. Embora Hilda fizesse constantes anotações em seu diário dizendo-se com "plano emocional intenso", e revelando que dezoito dias após o primeiro encontro eles haviam dito que amavam um ao outro, as decepções eram frequentes. Artur não queria magoar sua namorada, mas não pretendia parar de encontrar Hilda. Dizia que queria apenas manter relações sexuais com a amante, mas que não podiam ser vistos juntos toda hora. Quando estavam na Casa do Sol, durante a madrugada, e algum conhecido em comum chegava, ele se aborrecia.

Amigos da escritora viam o romance com certa reserva: do ponto de vista intelectual, o jovem não chegava aos pés de Hilda. Ela, no entanto, estava bastante apaixonada. E isso bastava para que respeitassem Artur.

Os pensamentos da escritora em seu diário coincidem com passagens de "Ode descontínua e remota para flauta e oboé. De Ariana para Dionísio", conjunto de poemas incluído em *Júbilo, memória e noviciado da paixão*. No livro, um eu lírico feminino canta as alegrias e as decepções de um amor intenso e erótico – com frequência lamentando a ausência do amado e valorizando a si mesma e ao seu canto: "A minha Casa, Dionísio, te lamenta/ E manda que eu te pergunte assim de frente:/ A uma mulher que canta ensolarada/ E que é sonora, múltipla, argonauta// Por que recusas amor e permanência?". E, em seu diário, no dia 9 de maio, Hilda desabafava: "Estou muito triste porque acho que não é justo que alguém, no caso Dionísio, não aproveite o que eu estou sentindo agora. CORPO CORPO CORPO e ninguém para aproveitar HILDA HILST contente de seu corpo".

O romance terminou no dia seguinte a essa observação, quando Hilda e Artur – ou Ariana e Dionísio – discutiram. O diretor de teatro Rofran Fernandes e o ator Geraldo Del Rei chegaram à Casa do Sol às 2 horas. Quando saíram, veio a briga – provavelmente, por ciúmes descabidos. Ele chorou e disse que estava tudo acabado.

Em uma madrugada definida pelo amigo J. Toledo como "doidivanas", Hilda encontrou-o, com Artur e a namorada, no Armorial, bar em Campinas ao qual ela tinha ido com a intenção de comemorar a edição de *Kadosh*, que Dante trouxera de São Paulo naquele dia. Os quatro beberam vinho e depois foram ao Teatro de Arena. No palco vazio, disseram textos ao acaso. Em seguida, todos foram à Casa do Sol. Acenderam a lareira. Mas Hilda foi logo se deitar, deixando os amigos.

No fim de junho daquele mesmo ano, 1973, Hilda viajou para São Paulo. Lá, encontrou Júlio Mesquita Neto – amigo dos tempos dela na capital paulista e diretor, desde 1969, do jornal *O Estado de S. Paulo*, de propriedade de sua família desde a fundação. Ela se apaixonou quando, durante uma conversa em um bar, ele perguntou a ela:

— E a sua vida, como vai? — E ficou vermelho em seguida.

A viagem ocorria por conta do lançamento de *Kadosh*, dia 2 de julho, alguns dias depois do encontro entre Hilda e Júlio. O evento foi realizado no Teatro Oficina, onde *O verdugo* estava em cartaz, antes de a peça começar. Ele não compareceu, mas, dois dias depois, Hilda foi visitá-lo em seu escritório, no jornal:

— Eu te amo — ela disse.

— Você está me gozando? — Mesquita questionou.

Hilda não dava nenhum sinal de que estava brincando. Ele ficou sem jeito, tentou sair da conversa dizendo ter 50 anos (o que, na verdade, somava apenas oito a mais do que ela) e afirmando que Hilda era muito intelectual. Ela poderia ter se sentido desprezada, mas pensou, anotando em seu diário: "O olhar é de quem também sente amor".

No dia 28 de agosto de 1973, quando se completaram três anos da morte de Luís Carlos Mesquita, o Carlão, irmão de Júlio, Hilda escreveu um telegrama ao amigo: "Ontem dia vinte oito lembrando Carlão livraria poesia e a brevidade de tudo fiquei com saudade por isso mando um beijo para você e Ruy ando triste como um bicho triste tua velha amiga com muito amor".

Hilda lia diariamente o jornal dos Mesquita. Constantemente, encontrava pistas que interpretava como sinais de que era retribuída em sua paixão por Júlio ou como oportunidades para estar perto dele. No fim do mês, se candidatou a uma vaga aberta para trabalhar no *Estado* como "secretária intelectual", pensando:

— Como seria bom poder viajar com ele. Amá-lo. Ficar dias com ele.

E a amiga Lygia Fagundes Telles estava certa a respeito da relação entre os poemas de Hilda e suas paixões: no dia 1º de setembro, Hilda escreveu o primeiro poema dedicado a Júlio – provavelmente uma composição que integraria *Júbilo, memória, noviciado da paixão*.

Em uma quinta-feira de setembro de 1973, após consultar o *I-Ching* – com mensagens de paz e de "terra e céu se comunicando" –, Hilda decidiu telefonar para ele. Ela já havia lhe enviado alguns poemas, que costumavam ser publicados no jornal. Foi o próprio Júlio quem atendeu.

— Acabei de receber seus versos. São lindos. — Júlio também disse a Hilda que ficava inibido ao telefone, mas pediu que ela telefonasse na segunda-feira, no mesmo horário, às 18 horas.

— O que você acha de eu passar uns dias no Hotel Jaraguá [no Centro de São Paulo], para ficar perto de todo mundo, principalmente de uma pessoa? — ela perguntou.

— Vou pensar — disse Júlio, rindo.

Ele repetiu que era inibido ao telefone e pediu novamente que ela ligasse na segunda-feira.

— Você está bem? — ela perguntou.

— Mais ou menos — ele respondeu.

Hilda, que desejava e acreditava ser correspondida, desligou pensando:

— Meu Deus, acho que ele me ama.

Na segunda-feira, Hilda não telefonou novamente, temendo importuná-lo. Mas enviou, por meio de Rofran, um cartão com dois cavalos de bronze. E consultou o *I-Ching*, que lhe avisou: "União pela mordedura. Exitoso progresso".

No dia 1º de outubro, Hilda recebeu a visita de três amigos – entre eles, um jornalista que lhe entregou um relógio russo, dizendo que a amava havia muito tempo. Hilda ficou preocupada, conforme mostra uma anotação sua daquele dia: "Achei incrivelmente estranho. Tenho medo de que os guias não desejem o meu amor pelo Júlio e coloquem outra pessoa para substituir... Mas não sinto nada por ele. Amo realmente o Júlio".

Nos dias seguintes, ela teria novos sinais de Júlio. No lugar de um editorial provavelmente censurado pela ditadura, *O Estado de S. Paulo* trazia um trecho do canto terceiro de *Os Lusíadas*, de Camões. Hilda ficou especialmente entusiasmada com um verso: "E para dizer tudo, temo e creio".

À noite, enquanto escrevia os primeiros versos de "Árias pequenas. Para bandolim", ainda sob o título provisório de "Quase quartetos para bandolim", ela teve uma visão em que Júlio aparentava estar muito sozinho. No lustre do quarto, Hilda teria visto a imagem do amado, com um robe escuro e o rosto muito branco, sentado em uma poltrona. Havia muitos livros atrás dele. A seu lado, estava uma mulher com um longo vestido branco. O casal sumia rapidamente.

No dia seguinte, o jornal publicou, na primeira página, uma reprodução da gravura que havia ganhado o 1º Prêmio da Bienal, *Comme un aimant*, do belga Jean-Michel Folon. Hilda se entusiasmou, interpretando a publicação como um sinal de que Júlio se sentia em amor. No dia seguinte, 6 de outubro, registra uma decepção: "Nada para mim no jornal". No dia 9, quando o jornal publicou um poema em que Hilda dizia sentir medo de não ser amada, ela se chateou. Para ela, foi o sinal definitivo de que ele não a amava: "Meu medo, meu terror, é se disseres:/ Teu verso é raro, mas inoportuno./ [...] Que não te enganas,/ Que o amor do poeta é coisa vã". Mesmo assim, ela foi a São Paulo, como dissera a Júlio que faria. Quando se encontraram, em uma segunda-feira de novembro, no saguão do hotel – Júlio costumava estar no bar, bebendo com os amigos –, a escritora ficou confusa. Disse que ainda estava apaixonada, mas ele pediu um tempo e afastou qualquer possibilidade de romance, alegando que ela morava em Campinas. Hilda disse, então, que ia viajar. Ele pediu que ela ficasse, e combinou um encontro na quinta-feira. Deu-lhe um beijo no rosto.

A figura de Apolônio, que motivou Hilda a tornar-se poeta e também norteou os relacionamentos da filha, permanecia na paixão por Júlio. Mas ela ficou horrorizada quando sonhou que estava com Júlio no carro, e ele lhe dizia: "Seu pai, minha filha". Quando acordou, pensou: "Cruzes! Ainda Hilda edipiana!".

As marcas da visita feita ao pai em 1946 apareceriam por anos. Em um sonho semelhante, anotado em seu diário em 7 de julho de 1974, ela pedia ao pai que a acariciasse, para assim esquecê-lo como objeto de seu amor. Apolônio colocou a cabeça entre as coxas da filha. "Mas era entre o reverencial e o devoto", descreve. Ela acordou. "Tive muito prazer durante esse sono. Toda minha saudade, meu pai", ela escreveu.

Apesar das anotações recorrentes sobre seus sonhos e das menções frequentes sobre seu pai, era bastante raro que as duas coisas aparecessem juntas. Hilda se lembrou pela primeira vez de um sonho em que aparecia Apolônio apenas em 11 de novembro de 1977. E não foi agradável, segundo narra a escritora em seu diário: Bedecilda queria ficar com ele, mas a filha o levou ao mesmo dentista que frequentava, o doutor Paradela. O pai teve um acesso de loucura durante o atendimento, e o dentista teve que segurar Hilda.

Em dezembro, ainda apaixonada, Hilda passou alguns dias na casa de Lygia, em São Paulo. Quando foi ao bar do Hotel Jaraguá e encontrou Júlio, ela ficou tristíssima. Ele reagiu à presença dela como se houvesse visto um fantasma, e recuou. Um amigo de Mesquita disse a ela:

— Você sabe que não deve mais vir a este bar.

Ainda assim, na passagem de ano, ela enviou a Júlio e Ruy Mesquita, seu irmão, pedrinhas amarelas de seu altar na Casa do Sol. Escreveu cartas separadas, orientando que apertassem o amuleto com a mão direita quando desejassem algo. Desejou feliz 1974 aos dois e fez votos especiais a Júlio: "Que 1974 se faça cheio de amor para você".

Até fevereiro, Hilda escrevera a Júlio dez vezes, somando cartas, bilhetes entregues por amigos em comum e telegramas.

Em março, ela continuava a esperar respostas, e acreditou ter recebido um sinal de que finalmente elas viriam quando entrou em seu quarto e encontrou envelopes de cartas recebidas, que antes estavam sobre o livro *Do amor*, de padre Vieira, caídos ao chão. Ainda que esperançosa, pensou: "Oh, Hilda. Tu és mesmo uma fantasista, como dizia teu pai Apolônio".

Em uma das cartas endereçadas a Júlio, Hilda conta como escolheu o título para seu livro de poemas. *Júbilo, memória, noviciado da paixão* traz as iniciais de Júlio Mesquita Neto. Os poemas são dedicados a M. N. – "Se eu colocasse J. M. N. todo mundo ia desconfiar, e assim vão pensar que é um Mário Neves qualquer", argumenta.

Nessa correspondência, entregue por Lygia Fagundes Telles em 13 ou 14 de fevereiro, ela diz sentir-se um pouco como "a imbecil da Emily Dickinson", poeta norte-americana do século XIX que amou um pastor a vida inteira sem ser correspondida. Ele aparecia de dez em dez anos, levando um lírio branco "pra coitada". Hilda conta também qual foi a decisão do pastor, pois achava Emily "uma besta": "[...] mudou-se de cidade até, (por favor não se mude) farto que estava dos olhares lânguidos mas discretíssimos da poeta".

O pastor ficou viúvo. Quando decidiu se casar com outra mulher, visitou Emily, para lhe contar a novidade. "Credo", diz Hilda, "a mulher quase morreu." Quando Emily faleceu, foi encontrada uma arca de cânfora com mais de mil versos para o indiferente amante. Ela era considerada bizarra pela vizinhança. Hilda arrematava: "Foi um puta amor desmesurado".

Em outra carta (uma carta "mais curta, bossa angústia"), de 11 de julho de 1974, Hilda continua contando a Júlio a história de Emily e o pastor, mas dessa vez de forma claramente metafórica, colocando em forma de história seus pensamentos.

Emily imaginava que uma forma de atrair o pastor seria ficar muito doente – e, então, poderia enviar-lhe um telegrama dilacerado, dizendo que estava morrendo e pedindo sua presença. Mas desistiu da ideia ao cogitar a possibilidade de o amado, pouco se importando, responder um breve: "Meus pêsames, cara Emily", também por telegrama. Segundo Hilda, a poeta teria chamado todos os cachorros para passear na floresta, "para se alegrar e sentir o cheio da vida" – algo que a própria Hilda fazia, em geral pelo pátio da Casa do Sol e ao redor da figueira.

A carta termina com dois pedidos de Hilda. O primeiro, profissional, era que ele incluísse em *O Estado de S. Paulo* o seguinte anúncio:

JÚBILO
MEMÓRIA
NOVICIADO
DA PAIXÃO
HILDA HILST
Editora Massao Ohno

O editor é pobre e não pode pagar propaganda do livro, a autora está dura porque até agora não vendeu a fazenda porque consta que não deve vender por alqueire mas por metro quadrado, por causa da estrada dupla, valorização etc., e os advogados estão estudando tudo. Te AMO (claro que essas últimas linhas não são para colocar no jornal).

O segundo pedido era quase uma súplica. Assumindo-se como Emily e dirigindo-se a Júlio como "pastor", pede que ele envie, de vez em quando, um telegrama, dizendo: "Cara Emily, te penso". Isso lhe daria "a dose necessária de alegria".

O sentimento de Hilda acabou naquele mesmo ano, durante uma visita à sede do jornal, de forma tão súbita quanto havia começado. Ela se surpreendeu quando encontrou, na biblioteca de Júlio, seus livros em lugares especiais. *Júbilo* era o primeiro ao lado da mesa. Mas a escritora se chateou porque ele atendeu a um telefonema, conversando em tom amoroso. E ela, que estava nervosa e ansiosa antes de entrar na sala, foi embora dizendo:

— Não senti mais amor.

Após Mesquita, ela viveria apenas amores efêmeros. Houve uma época agitada, em que quase todas as noites Hilda e seus amigos – Mora, Olga, Toledo e seus conhecidos – saíam para bares de Campinas, onde bebiam durante toda a madrugada, e frequentemente voltavam para casa com um par diferente – os da escritora eram identificados em seu diário de forma vaga, em geral semelhante a: "amor com o arquiteto".

Não era raro que Hilda bebesse mais de uma dezena de Manhattans, sua bebida preferida, feita de uísque e vermute. Ainda que ela pedisse aos amigos que não a deixassem beber muito, no meio da noite já se levantava, subia ao palco e começava a cantar alegremente uma de suas músicas preferidas: "The Man I Love", composta por George e Ira Gershwin e interpretada por Billie Holiday e Ella Fitzgerald, entre outras.

Ainda que a voz de Hilda não chegasse aos pés da das cantoras, ela em geral agradava o público – isto é, na primeira vez em que cantava. O único problema era que o show não parava por aí: quando chegava ao fim da música, Hilda começava novamente, e era capaz de continuar por dezenas de vezes. Quando, enfim, o público do bar começava a vaiar, ela atirava nas pessoas as azeitonas que enfeitavam seus drinques. Era preciso que alguém a tirasse dali.

6

KAFKA, VOCÊ ESTÁ ME OUVINDO?

Com a mudança para a Casa do Sol, a vida de Hilda Hilst realmente se tornaria outra. Motivada pela máxima de que o conhecimento é solitário, e empenhada em buscá-lo sozinha, a escritora estudava, produzia, pesquisava. Seu interesse pelo misticismo, que vinha desde os tempos em que Bedecilda encomendou o mapa astral da filha, também começou a se intensificar.

Recebendo constantemente sinais que acreditava serem sobrenaturais e evidências de vida após a morte ou extraterrestre, Hilda passou a acreditar em um caráter mágico da casa. Esse se tornou um dos motivos pelos quais insistia em dizer que o local deveria ser protegido a todo custo, mesmo após sua morte.

Hilda, que já se dizia capaz de ver mortos, tentou buscar o contato com pessoas falecidas – sobretudo com seus pais – também de outras formas. Inspirada por Friederich Jürgenson, que publicara *Telefone para o além*, iniciou, nos anos 1970, pesquisas consideradas nobres por místicos, mas no mínimo duvidáveis pelos cientistas. O físico sueco relata, em seu livro, sua experiência em gravar vozes das pessoas mortas – exemplo prontamente seguido por Hilda.

Conforme o livro, a pesquisa começou acidentalmente em 1954 quando Jürgenson gravava cantos de pássaros. Ao reproduzir suas gravações, ouviu nelas vozes humanas – algo impossível, pois estava absolutamente sozinho ao gravar. Certificou-se de que a fita era mesmo virgem e concluiu, após alguns estudos, que eram vozes de mortos manifestando-se na fita.

A notícia dos experimentos chegou à esotérica Hilda por meio de um artigo de Jürgenson publicado em um jornal, provavelmente em 1973. Interessada que era, desde menina, pelo mistério da morte, decidiu ir atrás do livro. Ao finalmente lê-lo, a escritora se disse emocionada. E logo depois começou a reproduzir os experimentos do sueco em sua casa. Ganhou de Toledo um gravador AK 400 DB – que ela mesma viu na casa do amigo e pediu de presente –, além de um amplificador, ambos conectados ao rádio de Dante, da marca "Cans". Foi Toledo também quem a ensinou a utilizar o gravador (Hilda demorou a aprender quais os botões para gravar, voltar, apagar...).

No canto de seu quarto onde a aparelhagem fora montada, ela passava horas – geralmente das 21h à meia-noite – gravando em silêncio, com fones de ouvido. A experiência consistia em sintonizar o rádio em uma estação inexistente, onde só houvesse chiados, e gravar. Embora não confiasse totalmente que o procedimento traria algum resultado, sua esperança era de que, ao escutar a gravação, houvesse na fita, em meio ao barulho, alguma mensagem.

Os amigos, que continuavam se reunindo na sala enquanto Hilda ficava absorta em sua tarefa, passaram meses esperando por algum fruto das gravações, até que, em uma noite, ela apareceu na sala onde estavam Lygia, Dante, Mora Fuentes, Toledo e Caio Fernando Abreu, dizendo que ouvira uma voz, e que talvez fosse da mãe dela. Todos correram ao quarto para ouvir. Apesar de não conseguirem distinguir nada, ficaram calados para não magoá-la. Apenas Toledo se manifestou:

— Hilda, isso não é nada, isso é barulho!

Mas ela não desanimou. Foi aprimorando seus ouvidos com o treino e captando algumas mensagens. Os experimentos passaram a despertar mais atenção. Hugo, um jovem judeu estudante de física levado à casa por um amigo de Massao Ohno, ficou interessado e pediu para ouvir as gravações. Segundo anotações no diário da escritora, o garoto teria sido grosseiro, considerando a pesquisa "ridícula". Ela ficou impressionada, pois ouvira, cerca de um mês antes, no dia 28 de fevereiro de 1977, uma voz dizendo: "Cuidado com o judeu aparecendo".

Uma amiga cética recebeu a prova. Segundo entrevistas da escritora, elas estariam conversando sobre as experiências, quando uma voz bonita e suave – que não pertencia a nenhuma das duas – disse: "Ah, querido". Impressionada, Hilda começou a se dedicar ainda mais às gravações, fazendo-as todo dia, religiosamente.

Outras experiências parecidas aconteceriam a Hilda. Uma delas foi compartilhada com a artista plástica Gisela Magalhães, uma das pessoas que constantemente a visitavam na Casa do Sol. Em uma ocasião, elas conversavam na sala quando teriam recebido outra visita – um tanto inesperada. Um homem com um chapéu-coco passou pela porta principal, colocou no chão a maleta que trazia e disse:

— Enfim, cheguei!

As amigas trocaram olhares e se levantaram. Mas, ao se aproximar, não havia ninguém. Outra vez, quando recebeu a visita de Beto Ruschel – filho de Neli Dutra e irmão de Rita –, Hilda fez a ele um convite inusitado: conhecer um amigo que morava no banheiro:

> Os mortos sabem tudo, parece-me que os vivos têm muita coisa para ver e assim não ficam sabendo nada. Ficam vendo.

— Você é um dos poucos que vão conseguir enxergá-lo! — disse Hilda.

Quando o amigo não enxergou a pessoa, Hilda ficou chateada.

— Tinha certeza de que você ia ver!

Hilda levava tão a sério as tentativas de captar vozes que, quando tinha êxito, anotava as frases em seu diário, identificando-as por horário, fita, lado e marcação no contador. Em abril de 1973, chegou a chorar por um "erro" cometido. Ela não percebeu um pronunciado "Ave Maria", que Dante ouvira tranquilamente. Foi então que tomou a decisão de usar a gaiola de Faraday, uma armação de madeira e metal que impede a entrada ou saída de qualquer onda – inclusive as de som.

Pediu ajuda a seus amigos Newton Bernardes e Mario Schenberg e a seu sobrinho, o engenheiro Roberto Cardoso, que já haviam escutado, céticos, as gravações. Apesar de concordarem com Hilda em que havia mesmo algo ali, achavam que pudesse ser alguma espécie de interferência externa – o locutor de outra estação ou uma onda eletromagnética externa. Concordaram, portanto, em construir a gaiola. Bernardes, professor da Unicamp, pediu que um de seus assistentes do Departamento de Física fosse à Casa do Sol montar o equipamento, e Hilda passou a fazer suas gravações dentro dessa pequena jaula. Os sons continuaram iguais.

Além de ter ganhado mais credibilidade entre os amigos, Hilda passou a ser procurada também pela mídia. Nessa época, a TV Tupi e o *Fantástico*, da rede Globo, veicularam matérias sobre a escritora e suas pesquisas. O fato teve repercussão também na *Folha de S.Paulo*, no *Jornal da Tarde* e no *Diário do Povo*, de Campinas.

Os resultados de Hilda estavam sintonizados com o que institutos estrangeiros então realizavam. Ao mesmo tempo que, concentrada em seu rádio – aparentemente moderno, mas considerado pouco adequado para a pesquisa –, ela buscava sinais da vida após a morte, pesquisadores de Munique e Friburgo, na Alemanha, e de Dublin, na Irlanda, tentavam responder de forma científica a suas inquietações metafísicas, mobilizando setores tão diversos como a engenharia eletrônica e a psicologia.

Em junho, ela participou da quinta edição do Colóquio Brasileiro de Parapsicologia, realizado em São Paulo. Tratada como "pesquisadora Hilda Hilst" e considerada a "talvez pioneira dessa pesquisa no Brasil", falou ao lado de outros especialistas no assunto. O *status* de pesquisadora e a realização de colóquios estavam ligados a uma preocupação bastante séria de todas essas pessoas: deixar claro que a busca por esses sinais não estava relacionada a qualquer credo – que sua manifestação nada tinha a ver com espíritos que baixam ou com qualquer outra conotação religiosa.

Foi por causa da participação nesse evento que a escritora concedeu uma entrevista de quatro páginas à revista *Planeta* de julho de 1977 – a mesma que publicou textos sobre o colóquio, e da qual Hilda era leitora assídua. Na conversa com os repórteres, ela contou como se davam alguns desses fenômenos: "Era curioso, às vezes, enquanto eu conversava com outra pessoa, na gravação do diálogo a palavra *ankar* – que não tinha sido pronunciada – substituía outras palavras realmente pronunciadas por nós".

Explicou também todo o rigor envolvido na proposta similar de Jürgenson e de outro estudioso, o letão Konstantin Raudive. Não havia distinção quanto à frequência em que o rádio deveria ser mantido. Hilda sempre preferiu a FM, porque, segundo ela, proporcionava um som mais puro. Ela gravava durante cinco minutos, e depois ouvia o que havia sido registrado. Em um primeiro momento, apareciam vozes classificadas como de tipo "C": "São vozes que se sobrepõem, e que são muito difíceis de serem compreendidas. Às vezes uma frase se destaca, você entende o pedaço de uma frase, mas quase nunca a coisa vai até o fim. As vozes de tipo C são muito distantes. Parecem vir de trás de paredes grossas. Nessa fase, o investigador fica muito excitado".

A empolgação impulsionou Hilda a treinar e aperfeiçoar a audição. Dessa forma, passou a entender frases e expressões. Muitas vezes, ouvia alguém chamar por ela. E pedia, mentalmente, que os sons aparecessem mais nítidos.

Em uma noite, quando José Luís Mora Fuentes, que sofria de um grave problema renal, estava hospedado na Casa do Sol, ela ouviu: "Eu tenho um amigo muito doentinho". Instantes depois, quando a Rádio Eldorado tocava a "Dança do sabre", de Khatchaturian, Hilda percebeu, entre um movimento e outro da composição, uma frase em francês: *"Dans ce roman nous eûmes (ou: n'osez) des petites fils. Chante avec notre ami"* (sic). Segundo suas anotações, o som impressionou por dois motivos: pelo erro de concordância entre *petites* (adjetivo feminino) e *fils* (substantivo masculino) e pela relação que *"dans ce roman"* e *"petit fils"* guardavam com romances antigos. Pouco tempo depois, em uma viagem a São Paulo, Hilda foi à Rádio Eldorado e pediu para ouvir a gravação que havia sido levada ao ar. O disco estava limpo.

Numa noite em que só Hilda e seu sobrinho Roberto estavam acordados (Dante já dormia), ela o convidou para participar da sessão de gravação. Enquanto ficaram lá, alternaram períodos de conversa e de silêncio.

— Roberto, você era tão ligado com a minha mãe, eu tenho tanta vontade de saber se ela está bem, se ela está feliz, se ela me perdoou... Será que a gente não conseguiria que ela se manifestasse?

— Não sei, Hilda... — respondeu Roberto, e decidiu tentar: — Vó, se a senhora puder falar com a gente, queríamos saber se a senhora está bem.

E os dois ficaram em silêncio, gravando por mais um tempo, antes de rebobinar o rolo de fita. Ao escutar a gravação, ninguém ficaria mais surpreso que Roberto: após a fala dele, os dois ouviram, de forma nítida, uma resposta:

— Sim.

Reconheceram na fala a voz de Bedecilda, que soava embargada, como a de alguém que chora. Mais tarde, até mesmo Ruy reconheceria:

— É, é a voz da mamãe. Mas eu não sei por que ela está aí.

— Pai, eu estava lá. Não tinha nada. Éramos eu e a Hilda — respondeu o filho, não menos confuso do que o pai.

Roberto havia incentivado a tia a instalar a gaiola de Faraday como uma forma de refutar cientificamente os experimentos de Hilda. Mas, embora não existam explicações lógicas para as vozes gravadas, não houve prova capaz de derrubar as pesquisas. Os amigos confirmam ter ouvido vozes, mas ninguém se compromete em corroborar.

Hilda chegou a ouvir frases como "O Rui Mesquita é muito inteligente", que considerou bastante clara. Provavelmente, ela concordava com a afirmação: trocava telefonemas constantes com o amigo, inclusive pedindo que *O Estado de S. Paulo* desse atenção aos seus lançamentos e às encenações de suas peças. Outras vezes, ela ficava em dúvida quanto ao que havia sido gravado. Um exemplo é o aviso "Hilda vai ser um transtorno", que poderia significar também "Hilda vai ter um transporte". Acontecia também de as vozes falarem línguas estrangeiras.

A iniciativa para o diálogo podia partir da própria pesquisadora. Conta-se que as gravações registram Hilda procurando um de seus autores queridos: "Kafka, você está me ouvindo? Não deve ser fácil aí do outro lado".

Para Hilda, não importava que as mensagens não tivessem sentido objetivo. Os recados iam se formando conforme ela ouvia as palavras, e eram sempre apreendidos – embora não totalmente de forma racional. O fato é que ela pretendia buscar indícios que resolvessem a inquietação presente desde que passava horas na capela do Santa Marcelina: "Provar que os mortos conseguem comunicar-se de forma inteligente significa provar que a inteligência permanece após o desaparecimento do corpo. Você pode imaginar o que isso significa em termos de eliminação de tanta angústia quanto ao problema da morte?".

Mas talvez ela estivesse se preocupando em demasia. Certa vez, ao gravar do rádio o álbum *Pussy Cats*, de Harry Nilsson, Hilda ouviu, de forma bastante nítida, uma frase pronunciada por uma voz masculina, com sotaque português, que ela achou bonita: "Telamirim, Gilson. E se eu dissesse que Deus é amor?". Dez dias depois, ela gravou as mesmas músicas, transmitidas pela mesma rádio – a Andorinhas, de Campinas – e ouviu a mesma frase. Foi à emissora, conversar com os técnicos. Eles acharam improvável que a sentença estivesse na gravação, mas, de qualquer, forma, rodaram o disco. Para surpresa de todos, as palavras estavam lá. As músicas eram tocadas havia um ano, e nunca alguém percebera aquilo.

De qualquer forma, algo naquelas pesquisas não a deixava desistir. No último dia do ano de 1978, perto da hora da virada, ela recebeu um contato impressionante: "Vamos estabelecer no mundo rede telefonia. Odeia. Hilda garantirá aborto".

Hilda e Mora Fuentes tentaram descobrir o significado da última frase e de "odeia" na mensagem. Procuraram, inclusive, palavras em outras línguas que se assemelhassem. Depois desse contato, contudo, as pesquisas não registraram mais vozes. Hilda abandonou os estudos, entendendo que a mensagem sinalizava para algo nela que impediria a continuidade da comunicação.

As centenas de fitas gravadas por Hilda ficaram guardadas na Casa do Sol, onde permaneceram por décadas sem serem ouvidas. Em 2008, foram recuperadas pela cineasta Gabriela Greeb, para produção do longa-metragem *Hilda Hilst pede contato*. Os experimentos de Hilst, para além dos aspectos místicos ou científicos, permanecem como uma poderosa metáfora para aquilo que a escritora buscou incessantemente, ao longo de toda a vida: a capacidade de observar a realidade sob múltiplos pontos de vista, transformada em recursos e estratégias para dialogar com o outro.

Uma das manias de Hilda era procurar sinais. E isso se manifestava das maneiras mais diversas: vasculhando *O Estado de S. Paulo* para ter pistas dos sentimentos de Júlio, tentando se comunicar com falecidos para descobrir a vida após a morte e, ainda, motivada por questões mais materiais. Na noite do dia 16 de fevereiro de 1978, uma quarta-feira, ela se distraía assistindo a uma aula de alemão pela televisão. O exemplo ensinado era: "Tia Hilda vendeu a casa velha". A essa época, a escritora se preocupava com o destino da casa que pertencera a sua mãe, e logo se animou, imaginando se tratar de um aviso:

— Espero que se realize, porque a casa está abandonada e não tenho condições de arrumá-la.

7

A OBSCENA
SENHORA HILST

"Pai. Mãe. Que reviva em mim o amor que foi deles." Em janeiro de 1980, era assim que se sentia Hilda. Intensamente apaixonada. Apaixonada por um primo-irmão: Benedito Wilson Sampaio Hilst Júnior. Ou apenas Wilson Hilst, um homem que, para ela, se definia nas seguintes palavras: "Parece frágil nas emoções mas é duro [...]. Não recua. Fala pouco mas pode falar muito sem falar". Se a filha sempre teve a tendência de projetar em seus relacionamentos o romance que viveram seus pais, agora estava duplamente motivada, pois se envolvera com alguém da família Hilst.

Neto de Benedito Antônio, irmão de Apolônio, Wilson aparecera na Casa do Sol pela primeira vez no dia 24 de julho de 1979. Acompanhado de um amigo e instigado pela leitura de *Kadosh*, quis conhecer a prima. Embora Hilda tivesse sentido, nesse primeiro encontro, "hostilidade" em relação a ele (como registrou em seu diário), mantiveram contato e, em novembro, ele a visitou novamente. Foi convidado para festejar a passagem de 1979 para 1980 na Casa do Sol.

Aos quinze minutos do novo ano, com um beijo, começou o relacionamento entre os dois. Wilson era um jovem alto, magro, comprido. Hilda via em sua boca um misto de "sensualidade, secura, brusquidão". Ele tinha 28 anos, e ela, 51. A paixão aconteceu de forma repentina. Explosiva. Wilson logo se mudou para a casa da prima.

Apenas em fevereiro ele voltou a Jaú, onde morava, e ficou durante três dias. Embora sua ligação com a cidade dos Hilst fosse forte, seu relacionamento com a família era bastante tumultuado. Aos 15 anos, ele começou a ter problemas com o uso de drogas leves e abandonou os estudos.

A notícia do namoro entre os primos foi recebida pelos pais de Wilson com um sentimento ambíguo. Ao mesmo tempo em que se sentiam aliviados e esperançosos de que, estando ao lado de uma mulher mais velha, ele se acalmaria, tinham a impressão de que se tratava de um encontro entre dois loucos. Talvez houvesse algum exagero em pensar que Hilda e Wilson fossem loucos, mas eram, certamente, muito passionais. Quando Wilson retornou à Casa do Sol, surgiu o primeiro problema entre eles. Seu temperamento estava estranho; ele parecia deprimido. Hilda se aborreceu.

Uma das paixões dele era a velocidade. Wilson se interessava por carros, motos e aviões. Por isso, o casal começou a viajar frequentemente. Além de Jaú – que representava para Hilda "desgraça para pai e mãe" e era sinônimo de sofrimento –, os primos iam também a locais próximos de Campinas. Apesar do medo que sentia durante os trajetos pilotados por Wilson – por causa, justamente, da velocidade –, ela sentia prazer em acompanhá-lo. Em uma das visitas à cidade natal, Wilson e Hilda visitaram uma igreja na praça central. No diário da escritora, o resultado do programa:

Hilst e eu. CASADOS. Plano espiritual

Embora Hilda tenha escrito durante o período em que esteve com Wilson o livro que considera sua obra-prima, *A obscena senhora D*, o romance entre eles não era motivo de celebração para nenhum dos amigos de Hilda – nem para Lygia, que sempre comemorava as paixões da amiga.

O distanciamento que a prima percebia em Wilson converteu-se em ciúmes descontrolados. Toda vez que recebiam visitas, discutiam. Dante, que ainda morava na Casa do Sol com Yara, tornou-se o principal motivo dessas brigas – o casal acabou se mudando para uma casa ao lado em 12 de abril de 1980. Aos poucos, o mesmo aconteceu com todos os que moravam na casa, e os amigos foram se afastando, até que Wilson proibiu qualquer visita à Casa do Sol.

Ele também não gostava de ver a prima escrevendo, pois, dizia, ela se masculinizava. Hilda contou aos amigos que escreveu escondida, sob a figueira, *A obscena senhora D* (a protagonista, Hillé, passa quase toda a narrativa sob uma escada). Apesar disso, durante o relacionamento foram lançados *Da Morte. Odes Mínimas, Tu não te moves de ti* e a antologia *Da poesia (1959/1979)*.

No dia seguinte à mudança de Dante, o casal comemorou o aniversário de Wilson. Hilda registrou em seu diário a prova de que, apesar dos problemas, permanecia apaixonada: "Estou em amor. Estamos".

Mesmo com o tempo de relacionamento, os problemas do casal não mudavam, como mostram anotações da escritora: "Sei que minha felicidade com Hilst só continuará se ninguém mais vier morar aqui".

A passagem de ano em que comemoraram um ano de relacionamento foi descrita por Hilda como "horrível". O casal brigou a noite inteira. Hilda refletia: "Há esperança para nós? Difícil. Tento preservar amor. Tento continuidade".

Duas atitudes da escritora representam essa tentativa de manter o relacionamento. No último dia de janeiro, ela alugou um avião para Wilson – ele era piloto –, que sobrevoou a região fazendo acrobacias. Alguns dias depois, comprou duas motos Harley-Davidson, uma para o namorado e outra para Edwin, seu irmão.

A estreia do primo mais novo no equipamento, contudo, resultou em um acidente. Quando dirigia pelas imediações da Casa do Sol, Edwin passou por uma espécie de lombada de terra e caiu. Os ferimentos não foram graves, mas a moto teve que ser consertada.

O relacionamento entre os irmãos não era tão tranquilo. Edwin viu o presente como uma tentativa de reconciliação de Wilson. Funcionou por um tempo: no ano de 1981, o irmão, que morava em Jaú, hospedou-se durante alguns dias na Casa do Sol.

Em maio daquele ano, foi Wilson quem sofreu um acidente. Estava em Lençóis Paulista quando seu carro capotou. Ele havia telefonado para Hilda duas horas antes do acidente, às 19 horas. Ela recebeu a notícia às 2h30, quando ele ligou do hospital. O namorado teve que passar três meses com um colete de gesso. Foi mais um motivo para as brigas: ele insistia em andar de moto, mesmo imobilizado. Hilda tentava impedi-lo.

A escritora fez a primeira tentativa de impor limites a Wilson em setembro. Irritada com os ciúmes e com o fato de ele fumar maconha durante todo o dia – problema que se agravou quando, após passarem o dia em Jaguariúna e em Amparo, ele chegou bêbado e descontrolado em casa –, Hilda disse seriamente ao namorado:

— Se tudo isso não terminar, eu vou deixá-lo.

Wilson prometeu se esforçar. De madrugada, partiu para São Paulo, em busca da bênção de um padre. Como não o encontrou – buscava certo padre Miguel –, retornou de manhã cedo à casa.

Cinco dias depois, em 13 de setembro, veio a explosão.

Wilson estava armado, drogado e ameaçava Hilda. Eles estavam sozinhos na Casa do Sol. Ele dizia que ia matá-la, que seria um "banho de sangue". Afirmava que, dali para a frente, seria o carrasco dela. Prometia a Hilda que a faria pagar por "tudo o que havia feito a outros homens".

Em meio à discussão, Hilda conseguiu ver Dante no portão que separava as duas casas. Aproveitou uma distração de Wilson e balbuciou para o ex-marido que o namorado estava dentro da casa, armado e muito drogado. Vendo-a pedir socorro, Dante ligou para a Polícia Militar, que o encontrou na saída da estrada que dava na fazenda. Com a aproximação de Dante e dos policiais, Hilda foi até uma saída na cerca da chácara e saiu. Os policiais entraram e prenderam Wilson.

Menos de uma semana depois, Dante e Yara voltaram a morar na Casa do Sol. Hilda já havia ligado para todos os amigos – numa tentativa de recuperá-los. E agora estudava a possibilidade de internar o ex-namorado, detido em uma unidade prisional em Jaú, em um bom sanatório. Wilson telefonava frequentemente para Hilda. No início, a chamava de megera, dizendo que a odiava e que apenas Apolônio e Eduardo (avô de Hilda) eram "gente". Ela pediu a uma amiga que entregasse a ele, na cadeia, um bilhete em que dizia: "Hilst, por favor, cuide-se. Sei que você vai sarar". Ele se recusou a recebê-lo, dizendo:

— Qualquer coisa que venha dela pode vir com vibrações contrárias.

Ela estudava a possibilidade de vender os presentes que havia dado ao namorado – a moto, inclusive – para poder pagar a internação. A instituição preferida por Hilda era a Fundação Espírita Américo Bairral, localizada em Itapira. Para tanto, deveria desembolsar Cr$ 70 mil por mês (o equivalente hoje a cerca de R$ 7 mil) para mantê-lo em um quarto com outras três pessoas. Mas Wilson não queria que a moto fosse vendida. Usando o dinheiro de que então dispunha, ela conseguiu respeitar a vontade do primo, e ele foi transferido para Itapira em 1º de dezembro.

Ao mesmo tempo, Hilda estudava psiquiatria, para compreender melhor o que ocorrera com o primo. A partir da leitura do psiquiatra brasileiro João Carvalhal Ribas, elencou doenças que, pela semelhança dos sintomas, poderiam ser a de Wilson.

Em março de 1982, Hilda foi com as amigas Gisela Magalhães e Yara a Itapira. Gisa, como foi apelidada a artista plástica, entrou no sanatório para conversar com Wilson. Ele disse culpar a ex-namorada por tudo o que havia ocorrido entre eles e que ninguém o derrubaria mais. Além disso, afirmou, com convicção:

— A Hilda deve estar zangada com ela mesma.

Quando a amiga contou o que Wilson havia falado, a escritora ficou triste. Sentia, ao mesmo tempo, amor, compaixão, medo e saudade. E disse:

— Ainda amo e não compreendo. É preciso me lembrar a cada dia de como ele me causou sofrimento. Preciso esquecer.

Mas, alguns dias depois, ao receber um telefonema dele, não se abalou. Quando desligou, pensou que a emoção tinha sido bem menor do que imaginara que seria.

Wilson fugiu do sanatório no fim de março, e Hilda recebeu uma ligação avisando sobre o que ocorrera. Contudo, no fim do dia, ele já havia sido encontrado – e, por causa da tentativa de fuga, imediatamente transferido para o Presídio Central da cidade. Ela se sentiu aliviada.

> Estou convencida
> de que o amor é a
> única coisa a se viver.
> Minha infraestrutura é
> completamente amorosa.

O ex-namorado recebeu alta em outubro. Ligou para Hilda – que se assustou –, dizendo desejar vê-la. Ela foi seca e falou muito pouco. Negando-se a vê-lo, sentiu como se estivesse dando a volta por cima.

Alguns meses depois, em 1983, Hilda receberia o Prêmio Jabuti, da Câmara Brasileira do Livro, por *Cantares de perda e predileção* – conjunto de setenta poemas em que um eu lírico feminino reflete sobre o amor como uma experiência intensa e dolorosa, marcada ao mesmo tempo pelo gozo e a crueldade: "Amo-te, meu ódio-amor/ Animal-Vida./ És caça e perseguidor/ E recriaste a Poesia/ Na minha Casa".

O primo só reapareceria em maio de 1987. Magro, com aparência cansada e doente, chegou à Casa do Sol durante uma reunião de amigos. A prima logo conseguiu expulsá-lo, mas ele voltou vinte minutos depois e, impedido de permanecer dentro da casa, passou a noite no carro de Dante. Às 6 horas da manhã do dia seguinte, o ex-marido de Hilda levou Wilson para a rodoviária.

No dia 13 de julho de 1988, por volta das 20 horas, a escritora estava no quarto ao lado do seu quando ouviu barulhos intensos de uma moto chegando. Eram ruídos bastante nítidos, como se a moto estivesse encostando-se à parede do quarto. Gutemberg, amigo que conhecera em 1985 e que a essa época morava na casa, não ouviu nada. Ela logo pensou em Wilson e na moto que lhe havia dado de presente.

Dois dias depois, uma amiga ligou para Hilda. Wilson havia sido assassinado a tiros por volta das 4h30 da madrugada, em Belém do Pará. O corpo do primo, embalsamado, foi levado para Jaú, onde está enterrado.

Eduardo Hilst, outro primo, que esteve um mês depois na Casa do Sol, esclareceu que Wilson fora morto com um tiro à queima-roupa – na cabeça ou atrás do ouvido –, disparado por um agente de segurança. Informou a Hilda que o ex-amante provavelmente estava envolvido em intrigas de traficantes.

8

ESTAR SENDO

Com o término de seu relacionamento com Wilson e a retomada da rotina na Casa do Sol, Hilda inaugurava uma nova fase. A casa era sempre cheia de amigos – antigos e recentes, como as jornalistas Leusa Araújo, Maria Luiza Fúria, Gutemberg Medeiros e Alcir Pécora, que Hilda já conhecia fazia tempo, mas de quem estava ficando mais próxima apenas nessa época.

Quase todos os dias, havia na casa uma festa ou reunião, sempre regada a uísque. Hilda reunia todos os seus amigos e, sentados na sala ou à mesa de pedra sob a figueira, passavam a noite conversando animadamente sobre os assuntos mais diversos.

Leusa tornou-se frequentadora da Casa do Sol logo após se formar em Jornalismo pela PUC de São Paulo. Um colega do curso lhe dissera haver uma escritora, em Campinas, famosa por receber interessados em sua obra. Os amigos decidiram conhecer a Casa do Sol. Bastou um telefonema para que Hilda acertasse a visita com os jovens.

A jovem jornalista mantinha, porém, certo distanciamento em relação à escritora. Além da diferença de idade e do fato de considerá-la intelectualmente superior – Leusa nem mostrava seus escritos à amiga mais velha –, ela não se sentia preparada para suportar os constantes rompantes de Hilda com a maioria de seus amigos. As conversas entre elas, geralmente, se concentravam em dois temas: a obra hilstiana e os problemas financeiros.

— Leusa, já pensou se você encontra um amante rico? Seu namorado toparia, né? Acho lindo: você vai lá, pega um dinheiro e vocês podem continuar juntos! — sonhava Hilda.

Talvez lembrando a própria juventude, a escritora não deixava de imaginar o mesmo para si:

— Ah, o Antonio Ermírio [de Moraes, dono do grupo Votorantim] bem que podia se apaixonar por mim! Aí, ele mandava uns dinheiros pra gente...

Hilda, na verdade, sempre esperara que alguém resolvesse seus problemas materiais por ela. Queria que seus amigos empresários a ajudassem com a carreira e os problemas financeiros. Tentou negociar, em 1991, com Mauro Salles, do Unibanco, a publicação de um de seus livros para ser distribuído entre os clientes. Se tudo desse certo, a escritora receberia 10 mil dólares. Eles combinariam a publicação no início de 1992.

Contudo, a negociação não vingou. E ela, preocupada com o dinheiro, mandou um singelo telegrama ao amigo: "Mauro querido pergunto dois pontos e a grana interrogação estou dura como a estrovenga do negão apresse-se beijos Hilst". Os apelos renderiam ao menos uma doação: em fevereiro, Mauro Salles depositou na conta de Hilda 500 mil cruzeiros, o que hoje equivaleria a pouco mais de R$ 2 mil.

Em 1990, alguém já havia ouvido suas súplicas. A casa de vinhos Maison de Vins publicara *Alcoólicas*, uma série de dez poemas que Hilda garantia ter escrito absolutamente sóbria. A edição lhe rendeu algo equivalente a cerca de R$ 9 mil, quantia que acabaria rapidamente: logo após o pagamento, quando passeava por um shopping center de Piracicaba, ela comprou uma bolsa de prata no mesmo valor. Alguns meses depois, arrependida, ela venderia o objeto.

Ela propagava inclusive na imprensa a expectativa de ser ajudada. Em entrevista a Amaury Jr., veiculada em 21 de setembro de 1992, Hilda fez constantes apelos a pessoas endinheiradas, com quem havia tido contato – por mais rápido e impessoal que fosse:

— Gostaria de aproveitar a oportunidade e pedir aqui pela televisão que meus amigos ricos que não vejo há anos me mandem caixas de *scotch*, amigos que continuam ricos como o Olavo Setúbal [Banco Itaú], o Gastão Vidigal [Banco Mercantil de São Paulo].]O Mauro Salles [Unibanco] podia mandar duas.

Algumas vezes, seus pedidos eram atendidos. Durante o mandato de Jacó Bittar (PT) como prefeito de Campinas, entre 1986 e 1990, Hilda enfrentava um problema na Casa do Sol: uma árvore havia apodrecido e ameaçava cair exatamente sobre seu quarto. Ela tentava contatar a prefeitura para que a árvore fosse removida, mas não conseguia resposta. Os ventos estavam fortes em Campinas, e a escritora ficava cada vez mais preocupada. Decidiu, então, escrever um telegrama para o político petista Eduardo Suplicy, com quem havia tido um breve contato em São Paulo: "O vento ruge, a árvore tomba. Obrigada por me deixar morrer soterrada".

Durante o fim de semana, logo após o envio da mensagem, chegaram bombeiros à Casa do Sol para remover a árvore. Leusa, que vinha de São Paulo para uma visita, se assustou. Imaginou que Hilda estivesse mal ou que uma grande tragédia houvesse ocorrido. Mas, entrando na casa, logo recebeu uma explicação:

— Eu conheço o Eduardo, ele tinha que fazer algo por mim.

Quando Leusa estava na Casa do Sol, recebia convites de Hilda para uma caminhada até a figueira – de forma que a distância, de cerca de 20 metros, aparentava ser imensamente maior. Ela se impressionava com o contraste existente entre o vigor da escritora e a preguiça de caminhar, mas a amiga sempre tinha uma explicação:

— Eu sou muito branca. Sempre achei que em outro tempo vivi no deserto e sofri muito com o sol.

A distância que Leusa mantinha talvez não pudesse ser atribuída somente às suas próprias razões e atitudes. De todas as pessoas que moraram na Casa do Sol, apenas duas são mulheres: Yara, mulher de Dante, e Olga, mulher de Mora Fuentes – e estiveram lá por conta de seus relacionamentos, e não porque fossem grandes amigas de Hilda (ainda que viessem a se tornar depois). Hilda nunca escondeu a razão para que isso acontecesse:

— Eu acho os homens mais interessantes. Acho as mulheres deles umas chatas, apegadas só às vidas delas, às crionças. A maior parte das mulheres que eu conheci eram frívolas demais.

Essa opinião ecoa claramente em sua literatura: personagens como Rute, em "Tadeu (da razão)", de *Tu não te moves de ti*, e Amanda, em *Com os meus olhos de cão*, não apenas se prendem ao ambiente doméstico, mas parecem empenhadas em mantê-lo na banalidade. Enquanto seus respectivos maridos entram numa crise existencial profunda, elas se mantêm na superfície, às voltas com motoristas, contas bancárias, festas na piscina... Por outro lado, a voz feminina que aparece em seus poemas parece sempre afirmar a própria autonomia – assim como algumas de suas narradoras inesquecíveis, como Matamoros, de *Tu não te moves de ti*, e Hillé, de *A obscena senhora D*, mais lúcida do que qualquer personagem masculina criada pela autora.

Era uma época de muita música. Na vitrola, tocavam desde as clássicas, como Bach e a *Quinta sinfonia* de Beethoven, até artistas da música popular brasileira, como Elis Regina e João Bosco, com seu "Brinquedo de papel machê", passando pelo jazz, com Astor Piazzolla e Billie Holiday. Hilda acordava com música, cantando. Ia até a gaiola de seu papagaio Pepe Papete e passava horas ensinando-o a cantar músicas em francês.

Foi nessa época também que Hilda adquiriu algo que se tornaria essencial em sua rotina: uma televisão. Ela – e, por consequência, todos da casa – passou a assistir ao jornal e às novelas todos os dias. Dizia que estas a interessavam por serem histórias com começo, meio e fim: ao assistir, tentava aprender a escrever da mesma forma.

Sua fama de amante das novelas foi tanta que, em 2001, o autor Manoel Carlos a incluiria como personagem na trama de *Laços de família*. O personagem de Tony Ramos, dono de uma livraria, ligava para Hilda – sua amiga, na ficção – para conversar sobre seus livros. A autora ficou encantada com a homenagem.

Nessa época, a escritora convidou o primo Almeida Prado para morar na Casa do Sol, como costumava fazer com quase todos os seus amigos. Ele, porém, não aceitou. Além de já morar em Campinas, preferia ficar longe dos conflitos quase diários causados por Hilda, que, depois de beber, seria capaz de quebrar garrafas, jogando-as na parede. O escritor J. Toledo foi outro que recusou o convite da amiga, também com medo das inevitáveis brigas, das quais preferia fugir. As longas discussões filosóficas, regadas a copos de uísque, que travava com Hilda durante os fins de semana em que estava lá como hóspede eram, na sua opinião, suficientes.

A recusa fez de Almeida Prado e Toledo duas das poucas pessoas com quem Hilda nunca brigou – pelo menos, não seriamente. Algumas vezes, porém, manter a paz era um exercício de paciência. Chegar na hora da novela, por exemplo, era crime na Casa do Sol. Se o visitante tentava conversar, a escritora logo retrucava:

– Chhh! Ou assiste a novela, ou conversa!

Hilda tinha sempre que lidar com problemas de dinheiro. Não que não o tivesse – mas gastava além da conta, pagando pelas festas que promovia e dando presentes para os amigos. Uma ajuda providencial viria, a partir de 1985, pelas mãos do amigo José Aristodemo Pinotti.

Conhecido por seu espírito de incentivo às artes, assumiu a reitoria da Unicamp em 1982. Comprometido com mudanças, o novo reitor promoveu a reconstrução do *campus* e reformas no estatuto. Nesse processo, deu ao Instituto de Artes o mesmo *status* que possuíam as outras unidades (a Unicamp está hoje organizada em dez institutos e catorze faculdades), convidando os professores para participarem do Conselho Universitário, com carreira acadêmica.

Em 1985, Pinotti criou o Programa do Artista Residente (PAR), baseado na ideia de que artistas possuíam qualidades de pesquisador que deveriam ser expostas aos pesquisadores tradicionais da universidade. Haveria, a cada vez, um participante que, durante alguns meses, daria duas aulas por semana e moraria no *campus*, onde desenvolveria sua obra. Legalmente, o artista residente seria um professor convidado.

Amigos próximos de Hilda e de Pinotti costumam dizer que o programa foi criado justamente para ela, embora outros artistas também tenham sido contemplados. Era consenso no círculo de amigos da escritora – do qual fazia parte também Carlos Vogt, designado diretor do PAR – que a universidade deveria ajudá-la financeiramente, devido à relevância de sua produção literária. A autora foi a primeira a participar. Assinou o contrato em 14 de janeiro do mesmo ano. Dois dias depois, ela, que nunca havia trabalhado formalmente, entregou a carteira de trabalho.

A escritora nem cogitou morar no *campus*. Decidiu, em vez disso, abrir a Casa do Sol para os alunos. Poucos, porém, chegaram a procurá-la. Talvez estivessem um tanto amedrontados pelas conferências polêmicas que Hilda ministrava – nas quais deixava bastante claro que estava ali como artista, mesmo, e não como professora.

Ela frequentou a Unicamp, ministrando conferências com outros professores, durante apenas sete meses. Dois desses momentos a marcaram, rendendo anotações em seu diário. O primeiro, em 12 de março, a deixou entusiasmada: "Foi tudo muito bom! Lotado. Muitas palmas". Tratava-se de uma aula conjunta com o amigo e professor de física Mario Schenberg. O outro, exatamente um mês depois, fez com que Hilda assumisse outra postura: "Foi bom. Alunos jovens. Medíocres. Fiquei rouca. [Uma] hora e meia falando o tempo todo. Foi bom para eles".

O vínculo de Hilda com a Unicamp propiciou a ela um espaço para que falasse sobre um tema considerado pouco ortodoxo pela academia, mas que atraía sua atenção desde 1977: as relações entre a física e a metafísica. Num evento em que dividiu a mesa com Vogt e Schenberg, por exemplo, a escritora contou aos alunos sobre a paixão que desenvolvera pela física quântica, ciência que lida com as matérias invisíveis. O físico era um dos professores afinados com o tema e também investigava um ponto de convergência entre os dois assuntos. Unidos a Vogt, que falava sobre linguística, puderam concentrar a exposição nesse limbo, localizado entre o misticismo e a ciência. O resultado, porém, não foi de total sucesso. No dia 19 de março, data em que aconteceu esse encontro, Hilda registraria em seu diário: "Público indiferente".

No dia 22 de agosto, a professora convidada teve seu contrato renovado. Cerca de um mês depois, no dia 26 de setembro, Hilda apresentaria sua primeira aula. Teria sido decepção absoluta, não fosse por uma aluna, identificada como "Rosa" em seu diário: dos oito inscritos, apenas quatro compareceram. Os três restantes a escritora considerou "medíocres-muito".

Em outubro, o *Correio Popular*, jornal da cidade, anunciava o tema do curso da "advogada, escritora, poeta e teatróloga" Hilda Hilst: "Imaginação, Criatividade e Religiosidade". Segundo a matéria, ainda era possível que os interessados frequentassem o curso livre, com aulas às terças e quintas, das 14 às 17 horas, definido pela artista residente como "um bate-papo, enfocando a liberdade da soltura e imaginação, além de discutir sobre a experiência comportamental da criatividade".

Muitas vezes, durante as palestras, havia atritos com os alunos. Em uma delas, Hilda gritou com uma menina que não lera sua obra. Em outra, realizada num dia de sol escaldante, à tarde, a escritora viu uma aluna dormindo na primeira fila. Mandou acordar a menina e perguntou:

— A senhora tem amarelão? Porque não é possível, eu estou aqui falando e a senhora dormindo?

E a cada nova palestra era assim. A escritora falava muitos palavrões, não adaptava sua linguagem. A conferência, na realidade, nem precisava estar sendo ministrada por Hilda para que ela causasse polêmica. E nem precisava ser dentro do programa de que era residente.

Em uma palestra na Biblioteca Municipal de Campinas, de que participaram também o poeta Carlos Vogt e o escritor e jornalista Eustáquio Gomes – ambos pertencentes à Unicamp –, Hilda se mostraria, mais uma vez, alheia a detalhes protocolares. O tema seria o novo projeto de Vogt: poemisetas. Tratava-se, apenas, de poemas que o autor escrevia e imprimia em camisetas. Uma proposta na linha daquilo com que a escritora sempre sonhara: a popularização da literatura; o grande alcance da poesia. Hilda, que já não levava a sério a poesia da maior parte de seus contemporâneos – era, por exemplo, ferrenha crítica de João Cabral de Melo Neto –, aproveitou a oportunidade para criticá-lo, a seu modo. Disse que a ideia seria mais interessante se colocada, também, nas camisinhas.

Por mais agressiva que fosse sua atitude, nela se expressava sua preocupação com a opinião do público. Na Unicamp, Hilda sempre se perguntava se estava agradando as turmas e, insatisfeita com a postura dos alunos diante de sua presença, chegou a ouvir de professores que os estudantes a temiam. Por isso, quando foi eleita patrona de uma turma, em 1994, iniciou seu discurso dizendo:

— Não se preocupem, porque eu é que tenho medo de vocês!

Hilda participou, também na Unicamp, de palestras que Pinotti organizava para seus convidados. Durante a semana, à noite, um público seleto encontrava diversos artistas. Talvez por estar distante dos alunos, Hilda se sentia mais à vontade nessas ocasiões. Durante uma delas, ainda anterior ao programa, em 20 de maio de 1983, ela teria dito:

— Quando entrei por aquela porta da sala, a tensão era tanta que pensei em estupro. Bom, talvez isso fosse mais agradável do que ficar aqui contando lorotas.

Em seguida, pediu aos convidados que refletissem sobre a sonoridade da palavra "cu". E cutucou com uma provocação escatológica:

— Imaginem se eu desse uma cagada aqui no meio da sala.

O contrato seria renovado, pela segunda vez, em 28 de fevereiro de 1986 – com duas pequenas alterações: a partir de 13 de maio, Hilda ministraria também um curso de teatro. E, como o contrato do artista residente tinha duração de quatro meses, Pinotti, ainda reitor, contratou-a como professora da universidade, desta vez por meio do departamento de Artes Cênicas. O entusiasmo da autora, contudo, começava a esmorecer. No dia 17 de junho, por exemplo, em vez de ministrar sua aula, Hilda foi ao cinema com Yara, a mulher de Dante, assistir a *Plenty: o mundo de uma mulher*, filme norte-americano com Meryl Streep.

A ajuda financeira que a Unicamp lhe rendia era grande. A essa época, por causa da dificuldade com as contas, a escritora tentava vender partes de seus terrenos. Ela estava disposta a negociar 62 mil metros quadrados dos arredores da Casa do Sol.

Em julho do ano em que o programa foi iniciado, Hilda pôde comprar dois carros: um Gol 1981 e um Volks 1978. O valor do salário variava de acordo com a inflação acentuada do período. Em fevereiro de 1987, era equivalente, hoje, a cerca de R$ 10 mil – o valor mais alto recebido por ela. Nessa altura, os gastos com a Casa do Sol somavam pouco mais de R$ 2 mil – o que incluía as contas de luz e telefone e o salário dos empregados.

Quando começou a participar do Programa do Artista Residente, Hilda envolveu-se mais com a Unicamp e seus professores. Aproximou-se, principalmente, de Alcir Pécora, professor do departamento de teoria literária, antigo conhecido de Hilda dos anos 1970. O professor, que assistia a suas palestras, passou a frequentar a Casa do Sol. Também conversavam constantemente ao telefone – sempre sobre a obra dela. Hilda gostava de ouvir a opinião do amigo e crítico literário acerca de sua produção.

As conversas em que o mote era sempre a própria Hilda e seus livros não eram privilégio de Pécora. Léo Gilson Ribeiro, amigo de longa data, Fernando Jorge e quem mais entendesse de literatura eram envolvidos na discussão unilateral. Os amigos podiam se cansar, mas Hilda não se importava muito. Ela gostava mesmo de ouvir falar sobre si; suas expectativas giravam sempre em torno de sua literatura.

Como muitos outros, Pécora se tornou também uma espécie de motorista de Hilda, que sempre tinha dificuldade de ir aos lugares, já que não possuía carro. Era com ele que a escritora ia à Unicamp para suas palestras e eventuais montagens teatrais de sua obra.

Sucedendo Pinotti, e mantendo afinidade com ele, o economista Paulo Renato Souza assumiu a reitoria em 1986. Como era próximo ao grupo que cercava a administração anterior, o novo reitor não fez planos de cortar a ajuda que a Unicamp destinava a Hilda. Vogt, que ocupou o cargo de 1990 a 1994, também manteve o vínculo. Ainda que Hilda fosse pouco apegada a compromissos, aparecendo esporadicamente na universidade, sem cumprir carga horária, seu comportamento não incomodava. Vogt sabia que a única maneira de preservar o vínculo era respeitar essa atitude.

Mesmo assim, a escritora se inquietava toda vez que o fim do contrato se aproximava. Eustáquio Gomes, coordenador de imprensa da Unicamp, que a conhecera nas palestras na universidade, havia se aproximado dela quando descobriu que Apolônio Hilst era seu pai. O jornalista, mestrando em Letras, pesquisava modernistas no interior do estado de São Paulo. Constantemente, ia à Casa do Sol para buscar os arquivos do futurista jauense. Foi em uma dessas visitas em 1990 que, levando um recado do reitor Paulo Renato Souza, avisou Hilda sobre a renovação de seu contrato. De tão aliviada, a escritora sentiu vertigem e teve que se segurar em uma cadeira para não cair.

Quando completou 70 anos, em 2000, Hilda foi obrigada a se aposentar compulsoriamente, já que professores de universidade se enquadram no funcionalismo público. Por mais que Pinotti, Vogt e Gomes lutassem para que isso não acontecesse, legalmente era preciso. O fato gerou discussões intermináveis, inclusive com cartas publicada em jornais de Campinas, já que a aposentadoria seria proporcional ao tempo trabalhado por Hilda – insuficiente para sustentar a casa e a quase centena de cães que, à época, se abrigavam nela. O reitor responsável pelo desligamento da escritora da Unicamp foi Hermano Tavares, ocupante do cargo de 1998 a 2002.

O reitor Carlos Henrique Brito, empossado em abril de 2002, foi convidado pelo amigo Alcir Pécora a ir à casa de Hilda, acompanhado ainda por Carlos Vogt, então presidente da Fapesp (Fundação de Amparo à Pesquisa do Estado de São Paulo). Na época, a segunda parte do acervo pessoal estava sendo comprada pelo Cedae (Centro de Documentação Alexandre Eulálio). O reitor foi tratar da compra, desculpar-se pela atitude de seu antecessor, que deixara Hilda sem um dinheiro importante, e ainda sugerir que o Programa do Artista Residente retornasse à Unicamp, batizado, nessa nova versão, de Programa Hilda Hilst, em homenagem à autora. Após o discurso de desculpas, a poeta ficou alguns minutos em silêncio. De repente, olhou para o reitor e perguntou:

— E agora?

O reitor, sem entender, ficou quieto. Hilda continuou:

— Vamos foder?

Alcir Pécora, dos três o mais amigo de Hilda, deu risada, tentando quebrar o clima de tensão que se instalara com a proposta:

— Hilda, você já está com quase 80 anos, sublima!

Ela riu e fez seu famoso gesto: "no cu!". A conversa, depois disso, durou pouco mais. Os três foram embora, Brito provavelmente com a sensação de que não voltaria mais.

O programa rendeu a Hilda bons amigos. Um deles foi Gutemberg Medeiros, aluno que, em agosto de 1985, era recém-formado em jornalismo. Após chegar atrasado a uma aula de Hilda – na qual nem estava inscrito –, acabou por travar com a escritora grande afinidade, desde o primeiro encontro. Ela falava a vinte alunos, sentados em semicírculo, sobre o livro *A metamorfose*, de Franz Kafka, quando ele perguntou se ela conhecia *Um homem*, da escritora e jornalista italiana Oriana Fallaci. O livro narra a história de Alekus Panagulis

(1939-1976), coronel do exército grego que se opôs à ditadura de Georgios Papadopulos e passou grande parte de sua vida na prisão. O preso também teve uma experiência com insetos: isolado, sentiu amor e carinho por uma barata, o único ser vivo que veria em anos. Gutemberg perguntou:

— Você leu?

— A cena da barata! — exclamou Hilda, percebendo imediatamente a ligação estabelecida pelo aluno.

Do grego, a conversa pulou para os russos. Gutemberg percebeu que Hilda se encantara por ele ser um jovem que, aos 21 anos, demonstrava interesse pela literatura de autores como Tolstói e Dostoiévski. A aula acabou, mas os dois permaneceram na sala, conversando. O aluno, que já estava embevecido por conhecê-la, especialmente porque nunca tivera contato com outro escritor, sentiu-se ainda melhor quando, três meses depois, ouviu Hilda dizer a seus amigos, ao telefone:

— Conheci um grande amigo, o Gutemberg. Ele é um gênio, conhece tudo de literatura!

O jovem estudante morou por cerca de três meses na Casa do Sol. A rotina de Hilda não se alterou com a presença de um novo hóspede: pela manhã, escrevia. À tarde, todos liam. À noite, conversavam sobre o que haviam produzido e conhecido, antes de se sentarem para assistir à televisão. A amizade permaneceria por muitos anos. Gutemberg estava por perto quando Hilda decidiu escrever a literatura chamada pornográfica ou obscena. E, quando a amiga faleceu, ele ajudou José Luiz Mora Fuentes a divulgar o acontecimento para a imprensa e a atender os jornalistas. Durante sua carreira de jornalista e pesquisador, ele acabou se tornando especialista na obra de Hilda e, em especial, dedicou-se a um levantamento abrangente sobre suas obras traduzidas em outros países – possui dezenas de edições estrangeiras.

Houve mais um frequentador de suas palestras que se tornou seu amigo. O estudante da Unicamp Edson Costa Duarte aproximou-se de Hilda enquanto assistia a suas aulas, por admirar a obra da escritora – na qual se especializaria, mais tarde, em cursos de pós-graduação.

Nessa época, seu apelido era "Morto". Ao saber disso, Hilda ficou horrorizada e imediatamente o apelidou de "Vivo", tornando-se esse seu apelido desde então. Vivo foi morar, durante algum tempo, na Casa do Sol. Ficava, porém, apenas algumas semanas, e ia embora, geralmente, sem avisar para onde.

Antes de entrar no programa, a relação de Hilda com a Unicamp estava mais concentrada em seus amigos do Instituto de Física, como Nelson Parada e César Lattes. Mário Schenberg e Newton Bernardes, físicos ligados à USP, também eram muito amigos da escritora. Na Unicamp, pela proximidade que a autora tinha com o local, criou-se uma espécie de mitologia a seu respeito, envolvendo suas bebedeiras legendárias e sua casa sempre aberta.

Seu interesse pela física, entretanto, era sempre muito heterodoxo. Em discussão com Newton Bernardes, certa vez, sobre neutrinos, Hilda encantou-se com essas partículas, que, por sua massa extremamente pequena e sua baixa interação com outras matérias, é dificilmente detectada. E teve uma epifania:

— Mas o neutrino, então, é a alma!

Em entrevistas, Hilda dizia que as paixões por que havia passado e o medo que sentia da aids a haviam feito se abster de qualquer relacionamento amoroso – o que, de fato, ocorreu após o fim de seu namoro com Wilson, quando ela tinha 50 anos. E que ler sobre descobertas da física quântica a deixava muito mais excitada do que uma relação carnal, pois assim estaria resolvendo algumas de suas antigas interrogações a respeito da morte: "Não consigo acreditar que tudo de nós vá simplesmente desaparecer.

Isso me soa absolutamente ilógico. E até agora são pouquíssimas as respostas. O neutrino, por exemplo, uma partícula que não tem massa e consegue atravessar corpos opacos, pode ser uma boa substância para compor a alma".

Independentemente da preocupação com a composição da alma, Hilda sempre deixou clara a seriedade com que pensava a relação entre o místico e o científico. Para ela, o século XXI seria o século metafísico. Invocando as ideias do escritor francês André Malraux (1901–1976), ela defendia que os homens deveriam estabelecer com as máquinas uma relação que contemplasse as questões metafísicas. Que, a partir das inovações tecnológicas, o espírito humano se revigorasse, encontrasse a fertilidade.

Em 1996, após lançar seu último livro, *Estar sendo. Ter sido*, Hilda continuou a manifestar o interesse pelas ciências exatas. Justificando que as operações são semelhantes, havendo apenas alterações de signos – cientistas trabalham com os números e escritores, com a palavra –, ela afirmava que as descobertas de físicos e matemáticos são tão importantes para o desenvolvimento do pensamento humano como a literatura: "Da mesma maneira que Joyce reformulou o conceito da palavra, eles reformulam o conceito da existência".

E desejava que todas as ciências se unissem com as artes, sempre a fim de compreender, no plano científico, a imortalidade: "Creio que tenhamos de promover uma revolução científica e, a partir dela, chegar a uma revolução espiritual. Para mim, a poesia é o desafio do não dizer, a impossibilidade de dizer algo. A matemática tem semelhança com esse estado de ser. Em ambos os casos há uma epifania, uma manifestação do divino, algo tão verdadeiro, tão perfeito, que transcende tudo".

No terceiro dia do ano de 1986, Hilda passou mal. O motivo: uma cena presenciada na frente de casa. Três cavalos haviam tentado entrar no local. Para retirá-los, chamou a prefeitura, que enviou homens naquele dia. Eles tentavam colocar os animais dentro de um caminhão. Como não havia rampa, um deles não conseguia subir. Os homens, irritados, começaram a dar pauladas no cavalo, que caiu, batendo a cabeça na guia da calçada. O animal morreu.

A esse fato, vieram-se acrescentar outros sete, que Hilda enumerou em seu diário para ilustrar como o ano havia começado de forma estranha: houve um atraso no pagamento feito pela Unicamp, algo que nunca lhe ocorrera; Dante quebrara um espelho que estava no quarto dela; a cachorra Aninha morrera após ser picada por uma cobra; Gisela Magalhães quebrara a costela; o cachorrinho Dodô, que estava doente, fora sacrificado; Dante ouvira barulhos estranhos próximo a sua janela; a empregada de um amigo seu falecera. Tudo isso ocorrera até o dia 16 de janeiro.

Nesse ano, Hilda publicaria dois livros: os poemas *Sobre a tua grande face*, com ilustrações de Kazuo Wakabayashi, em uma edição cuidadosa de Massao Ohno, e a novela *Com os meus olhos de cão*, que narra a história do matemático Amós Kéres, espécie de duplo de Hillé, de *A obscena senhora D*. O título da nova narrativa é, como explica, tributário de seu amor pelos animais: "No fundo, por mais que você leia, estude, pense e crie e tenha lucidez, você olha o mundo com os olhos de um cão, com o mesmo olhar assim apalermado, meio aguado, como os animais te olham".

De resto, o ano seguiria normalmente, movimentado pela Unicamp e pelas visitas que chegavam à Casa do Sol. Por isso, eram raras as vezes em que Hilda ia para São Paulo. Uma dessas viagens, contudo, aconteceu em maio. Era o dia 31. Ela se reuniu com as amigas Lygia Fagundes Telles e Maria Luíza Mendes Furia na casa de Cláudia Pacce, empresária e escritora de livros infantis.

Elas passaram a tarde juntas, comendo e bebendo. Na hora de ir embora, Malu levaria Lygia a sua casa, no bairro do Jardins, e seguiria para Campinas com Hilda.

No caminho, passaram em frente à churrascaria Rodeio, em Cerqueira César. Hilda, já alta por conta da bebida, animou-se:

— Para o carro aí, que eu quero ir no Rodeio.

Malu parou. Hilda desceu correndo, em direção a uma árvore em frente ao restaurante. Havia muitas pessoas na rua. Mas ela não se importou. Abraçou o tronco e bradou:

— Cedro, meu cedro querido!

Hilda sentiu-se tão à vontade, e estava tão desinteressada dos olhares alheios, que se deitou no chão. Malu foi atrás dela, e pediu que se levantasse.

— Mas eu gosto daqui — disse Hilda.

As amigas, junto com Lygia, decidiram entrar na churrascaria. Dante e Yara, que também estavam em São Paulo, foram encontrá-las. Todos beberam, e a bebida acabou alterando todos os planos: Dante e Yara se desentenderam. Ela acabou ficando em São Paulo, na casa de Maria Luíza, e Hilda foi embora para Campinas com Dante.

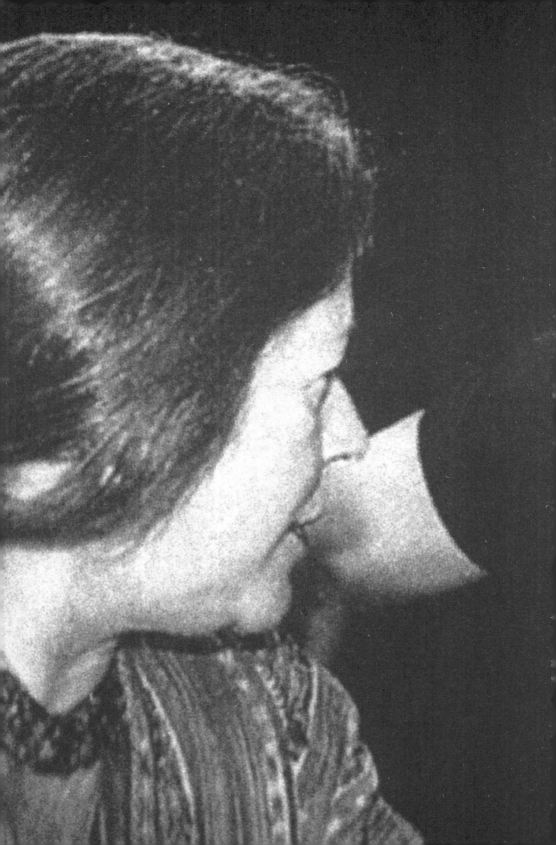

9

POTLATCH

No fim dos anos 1980, depois de ter publicado 28 livros, Hilda estava mais descontente do que nunca com o desconhecimento de sua obra por parte do grande público. Reclamava da dificuldade de encontrar seus volumes:

— Eu só fico em sebo, do lado de um monte de escritores mortos!

Ela sempre disse não se importar com a Academia Brasileira de Letras – ao contrário de sua amiga Lygia Fagundes Telles, que, desde 1985, ocupava a cadeira n° 16. E, ainda que de forma bem-humorada, costumava criticar prêmios que lhe davam certo reconhecimento por parte da intelectualidade, mas não dinheiro.

Hilda queixava-se de que, para o mercado editorial, os autores não podiam pensar em português. Isso explicava, mesmo no Brasil, a preferência por autores estrangeiros. No rol dos brasileiros injustiçados, frequentemente incluía João Silvério Trevisan, de *Orgia*, e Ricardo Guilherme Dicke, de *A Madona dos páramos*. Sobre o *best-seller* nacional Paulo Coelho, que considerava uma "brincadeira", uma "coisa fantasiosa", dizia:

— Para o verdadeiro criador, é um insulto.

Em 1990, quando o autor de *Diário de um mago* e *O alquimista* já havia acumulado US$ 60 mil pela venda de seus livros, Hilda Hilst se indignou:

— Não é possível que eu, com esta cabeça esplendorosa, não possa me sustentar. Se não tivesse recebido uma herança, não teria podido escrever o que escrevi.

Dinheiro, aliás, era, nessa época, o motivo mais frequente de suas reclamações. Seus livros não podiam ser considerados fonte de renda. A publicação da novela *Com os meus olhos de cão*, por exemplo, lhe rendera apenas um pequeno adiantamento, feito pela editora Brasiliense; depois disso, a escritora recebia extratos mensais da vendagem, sempre em valores baixos. Da editora Cultura, pela publicação de *Tu não te moves de ti*, em 1980, recebeu apenas Cr$ 4.000 – o equivalente, hoje, a R$ 883,00.

A intermediária das negociações com a Brasiliense fora a amiga e jornalista Leusa Araújo, uma das recrutadas por Hilda para ajudá-la com problemas práticos: digitação de originais, conversas com editores, divulgação de seus trabalhos. Em uma carta, revela suas esperanças à amiga: "Leusa, espero que um dia a gente ganhe umas dinheirocas".

Achava-se merecedora, no mínimo, do Prêmio Nobel de Literatura. Por isso, em 2002, quando o húngaro Imre Kertész, autor de um livro cujo título se inicia com a palavra *Kaddish*, ganhou o Nobel, Hilda brincou:

— Bom, então, ano que vem é meu!

Nesse mesmo ano, Hilda decidiria mudar o título de seu livro *Qadós* para *Kadosh*. Achava que, dessa forma, a palavra hebraica – que diz respeito à relação com o sagrado, sem tradução literal – ganhava significado mais explícito.

Hilda sempre dizia não entender por que não era lida. Contudo, procurava razões para isso. Uma delas era o medo do autoconhecimento promovido pela leitura de seus livros. Ela queria "acordar" as pessoas. Entendia que, assim como acontecera com a vida dela – completamente transformada pela leitura –, seus leitores poderiam começar a refletir sobre o próprio ato de existir. Mas se perguntava sobre a licitude da sua proposta: "De repente, o homem está casado, tem filhos e acha que todo o trabalho que está fazendo é válido. Aí a pergunta que você faz para essa pessoa desestrutura toda a vida dela. Eu achava que eu não podia deixar a pessoa dormindo. Eu tinha que sacudir as pessoas e toda a frivolidade, a futilidade de cada dia".

Além da suposta falta de interesse por parte do público, a escritora tinha outra explicação para seu fracasso editorial: os próprios editores, que faziam pouco-caso do escritor e odiavam quando havia um real criador – porque boa literatura não lhes daria lucro.

Hilda esperava que uma grande editora publicasse suas obras completas. Que alguém despertasse para a importância de seu trabalho e fizesse intensa divulgação de seus livros. Nas críticas aos editores, nem o amigo Massao Ohno, responsável pela publicação de onze de seus 33 livros, escapava: "O Massao é um excelente artista, uma pessoa que incentivou sempre o meu trabalho. Só que ele adora ter os livros em casa. Ele não vende, ele põe tudo no quarto dele e fica namorando os livros. Ele não tem distribuição nenhuma".

Para Hilda, a falta de reconhecimento da qual era vítima não estava relacionada – como indicavam muitos repórteres e críticos – a seu isolamento na Casa do Sol. Com exceção da Unicamp, raramente participava de eventos literários, congressos ou outros programas públicos. "O meu melhor é dito na palavra escrita. É um engodo eu chegar num lugar – claro, com certo charme, com uma boa voz, e tudo o mais –, começar a falar e então a pessoa [pensa]: 'Nossa, ela é simpática'. Ou então: 'Que engraçada que ela é'. E vai me ler justamente pela minha pessoa. De repente eu podia ser medonha, horrorosa – e daí ninguém ia me ler?". Além disso, Hilda tinha outra explicação coerente – ao menos para ela – e mais trivial: "Eu entraria em pânico se me jogassem um tomate podre na cara".

Cansada da falta de reconhecimento, Hilda decidiu, aos 60 anos, que estava na hora de se divertir com sua obra. Trinta anos depois de sua estreia literária, lançou-se no que definia com a palavra *potlatch*: um ritual ameríndio em que, numa demonstração de força e poder de renovação, indígenas destruíam todos os seus bens acumulados ou os entregavam a parentes e amigos. A escritora anunciou uma nova fase de sua carreira literária: "Não vou escrever mais nada, a não ser grandes e, espero, adoráveis bandalheiras".

Definindo sua atitude como a de uma santa que levantava a saia, a escritora passou a aparecer na mídia dizendo que começara uma carreira na literatura pornográfica. O interesse dos jornalistas por Hilda e sua produção nunca fora tão grande. Seu acervo na Unicamp guarda cerca de noventa reportagens sobre esse período.

Em uma manhã ensolarada de 1989, em que se levantara às 9 horas da manhã, Hilda, após tomar seu café, chegou a uma decisão. Enquanto lia o jornal, se deparou com a notícia de que Régine Deforges havia recebido US$ 10 milhões pela venda de sua trilogia *A bicicleta azul*:

— Dez milhões de dólares! — espantou-se.

Após fumar vários cigarros e lembrar o que havia recebido por sua obra, ela pensou: "Vou começar a escrever uma coisa bem nojenta! Finalmente. me tornarei consumível!".

Nasceu, então, *O caderno rosa de Lori Lamby*. E, depois, *Contos d'escárnio, Cartas de um sedutor* e os poemas do livro

Bufólicas. Nas entrevistas que concedeu na altura, Hilda afirmou diversas vezes que se tratava de uma manobra de mercado para que enfim pudesse ganhar algum dinheiro. Nem por isso desmerecia seus livros: "O livro foi para mim uma maravilha, me devolveu a minha saúde mental, porque eu estava absolutamente triste, e com esse sentimento que eu acho terrível, que é o ressentimento. Então, eu pude escrever rindo o tempo todo. Foi delicioso escrever a *Lori Lamby*, como foi delicioso escrever os *Contos d'escárnio*".

Quando terminou de escrever *O caderno rosa de Lori Lamby*, Hilda o enviou a Caio Graco Prado, da Editora Brasiliense, achando que podia repetir a parceria que começara com a publicação de *Com os meus olhos de cão*. O editor se recusou a publicar o livro, por tê-lo considerado "escabroso". Lygia Fagundes Telles, ao ler o romance, disse à amiga:

— Você cometeu uma agressão contra si mesma.

Mas, querendo mostrar aos amigos por que havia se divertido tanto, reuniu alguns deles na Casa do Sol, para a leitura de trechos de *O caderno rosa de Lori Lamby*. Léo Gilson Ribeiro, crítico literário do Grupo Estado – que sempre publicara matérias sobre a produção hisltiana, considerando-a "o maior escritor vivo em língua portuguesa" –, levantou-se, irritado, no meio da declamação. Indignado com o que ouvira, disse a Hilda:

— O seu castigo vai ser o meu silêncio.

Mesmo diante das críticas, Hilda não se rendeu. Dizia que *Hamlet*, de Shakespeare, também fora considerado escabroso. E que o francês Georges Bataille, autor de *A história do olho* (dois outros livros dele, *Minha mãe* e *O azul do céu*, foram publicados pela

Brasiliense), e outros escritores semelhantes não haviam sido repudiados por fazer algo semelhante: "Você vomita a cada linha, lendo o senhor [Jean] Genet! O [Jean-Paul] Sartre não fez aquele livro enorme pro Genet? *Santo Genet, comediante e mártir*? O homem fala coisas realmente repugnantes. E não é impressionante como ele é lido?".

Esses autores eram citados com frequência por Hilda, que certa vez explicou acreditar que "a verdadeira natureza do obsceno é converter": "De uma certa forma, se você for consideravelmente repugnante, você faz com que o outro comece a querer a nostalgia da santidade".

Essa entrevista, concedida à televisão no lançamento de *O caderno rosa de Lori Lamby*, talvez dê as melhores pistas para entender o que a autora realmente achava sobre o livro com que estreou no gênero, já que o define de variadas maneiras. Em um elegante blazer branco, sempre fumando, Hilda diz, inicialmente, que não se trata de um livro, mas de uma "banana" que está oferecendo para os editores e o mercado editorial. Depois, afirma considerá-lo um "livro pueril, um livro meninil. É uma pornografia para crianças". Quando a repórter lhe pergunta se é escabroso como diziam alguns críticos, ela não consegue conter o riso: "É mais ou menos perto disso".

Mais adiante, a gravação registra o momento em que a repórter refaz as perguntas, informando que Hilda já não precisa respondê-las (trata-se provavelmente de um recurso para, na edição, criar o efeito de duas câmeras). A escritora, ainda assim, resolve dizer algo:

— [*O caderno rosa de*] *Lori Lamby* é um livro repugnante?

— Eu, pessoalmente, cá entre nós, acho o livro ótimo — diverte-se Hilda.

A repórter grava ainda outra repetição:

— [*O caderno rosa de*] *Lori Lamby* é um lixo, é um livro repugnante?

— No entender de todos, parece que sim — diz, maliciosa como uma menina que decide mentir diante de uma freira, dizendo o que dela se espera.

Hilda achava que as pessoas deveriam conhecer melhor a literatura estrangeira antes de criticar seus livros. Considerava um absurdo os brasileiros se escandalizarem com uma obra erótica de qualidade – como considerava ser a sua. E achava que havia espaço para ser explícita: "Isso de você não poder dar nome para as coisas da cintura para baixo é um absurdo. As coisas têm nome. Ninguém vai para a cama e diz: 'Deixa-me oscular tua rosa orquídea, meu bem'".

Para dar às coisas seus nomes adequados, utilizou o *Dicionário do palavrão e termos afins*, de Mário Souto Maior, publicado pela editora Record em 1980. Toda vez que queria evitar a repetição de palavras, recorria a ele. Foi dessa forma que chegou a termos como: estrovenga, mastruço, columba, envernizado.

A escrita obscena propiciou à escritora e a suas amigas um momento bastante divertido. No dia 27 de fevereiro de 1989, as jornalistas Malu e Leusa estavam na Casa do Sol, passando à máquina as primeiras cinquenta páginas de *Contos d'escárnio*, que Hilda havia escrito à mão. Sentadas à mesa de madeira da sala, Malu lia em voz alta, já fazendo uma revisão, e Leusa datilografava na Olivetti. Na cozinha, um rapaz consertava o encanamento da pia. Alguns minutos depois, enquanto Leusa e Malu ainda estavam digitando, Hilda entrou na sala rindo muito. Divertindo-se, contou às duas:

— Gente, o encanador lá dentro não está acreditando! Três mulheres e uma senhora falando "vagina, boceta"... Ele está excitadíssimo e assustado!

Elas riram – estavam acostumadas com o choque causado pelas atitudes e pelos livros de Hilda.

Com o lançamento de *O caderno rosa de Lori Lamby*, Hilda pensou que sua estratégia de marketing estava dando certo. O editor Massao Ohno – que decidira publicar o livro por respeitar a decisão da autora, embora o considerasse "um pouco baixaria, subliteratura" – acabou fazendo uma reimpressão.

A nova fase da escritora despertou mais atenção para ela – que por vezes foi tratada como autoridade no assunto. Quando a cantora Madonna publicou, em 1992, o livro erótico *Sex*, a leitora Silvia Malta, do *Correio Popular*, de Campinas, escreveu uma carta ao jornal, pedindo que Hilda desse sua opinião a respeito do lançamento. Ao que ela respondeu: "Fiquei com inveja e pena de mim. Durante 40 anos, escrevi obras-primas do sexo e não aconteceu nada. Se aos 20 anos tivesse tirado uma fotografia beijando a bunda de um homem, teria ficado tão rica quanto a Madonna".

Durante a 5ª Feira de Livros Eróticos, promovida em 1994 pela Livraria Belas Artes, em São Paulo, a reunião *Rútilo nada/A obscena senhora D/Qadós* foi vendida como uma obra do gênero – engano recorrente até hoje. *A obscena senhora D*, por conta de seu título, costuma ser incluído na fase erótica da autora, mas está longe, em termos de estilo e de narrativa, dos livros obscenos que vieram depois. Hilda o considerava sua obra-prima. Para ela, o obsceno possuía uma natureza diferente do erótico, referindo-se à lucidez das perguntas colocadas pela personagem Hillé. A autora não se cansava de explicar o que achava ser a obscenidade verdadeira: "Você só pode converter com agressão, dizendo as coisas com todos os nomes. Quem sabe aquela pessoa, lendo o que considera repugnante, não vá pensar um dia: 'Será que é realmente vital para mim ler isso?'. E talvez se interesse pelo que escrevi antes. Que de alguma forma eu fique no coração do outro. Ficar no coração do outro quer dizer mais vida e quer dizer não morte".

Dois trechos retirados de *Contos d'escárnio* – a história de uma menina que faz sexo oral em um senhor no meio de uma pracinha e o relacionamento entre o narrador e certa Petite – foram publicados na revista *Eróticos*, da editora Símbolo, em 1991.

O mesmo livro serviria para um propósito há muito desejado pela escritora: ver sua obra publicada em outros países. Leitora da francesa Gallimard para a América Latina, Clélia Piza levou os contos eróticos à editora – responsável também pela introdução de Guimarães Rosa na França –, que decidiu publicá-los. Em 1997, *A obscena senhora D* foi lançado no país, também pela Gallimard.

O mesmo ocorreria com *O caderno rosa de Lori Lamby*, lançado na Itália, em 1992, pela editora Sonzogno. Nem assim a escritora obteve bons pagamentos. Após o lançamento, a editora não entrou em contato e nem mesmo enviou um exemplar à autora – ela só conseguiu um porque uma amiga, que estava na Itália, lhe enviou: "Tentei um contato com a editora para saber do pagamento de meus direitos autorais: tinham mudado de endereço e não consegui o novo. Acho, sinceramente, que eles se mudaram para não me pagar. Deve ser uma quadrilha, não uma casa editorial!".

Bufólicas, único livro de poemas na tetralogia obscena, teve um lançamento pouco comum, realizado na extinta boate gay Rave Dinner Club, no dia 10 de outubro de 1991, uma quinta-feira. Jaguar, o ilustrador, viajou do Rio de Janeiro. Quase todos os amigos de Hilda – Mora Fuentes, Olga e até os que não concordaram com a nova fase literária, como Lygia – estavam presentes.

Um grupo de teatro amador, formado por Jurandy Valença, amigo de Hilda, com atores da Unicamp, faria algumas performances de poemas do livro.

Um figurino medieval representava com fidelidade personagens como o reizinho gay. Jurandy, no mezanino, era o narrador. Quando ia começar, porém, olhou para baixo e sentiu-se intimidado por tantas presenças ilustres. Não conseguia falar nada. Hilda decidiu ajudar o amigo:

— Porra, Ju, você esqueceu tudo?!

E, falando isso, jogou para cima uma cópia do livro. Jurandy começou a ler e o público acreditou que Hilda, na verdade, fazia parte da encenação.

A justificativa para os sete poemas que compõem o livro – entre eles, "O reizinho gay", que, quando seu pronunciamento era necessário, ao invés de falar, mostrava seu falo – era política, numa associação direta e pouco comum quando comentava sua produção: "A situação do país está entre o terror e o humor. O presidente que chamam presidente é o antipresidente. A literatura que chamam literatura é a antiliteratura. Daí eu resolvi escrever historinhas infantis do avesso. Então o rei, que é uma figura sóbria e respeitável, vira um reizinho gay".

Várias pessoas, entre elas o crítico Alcir Pécora, sempre consideraram que a fase obscena de Hilda contém a mesma qualidade literária de toda a sua produção. A própria autora acreditava que aquilo que chocava as pessoas como pornografia era, na verdade, apenas humor. Humoristas célebres, como o colunista José Simão, concordavam: "O livro não passou pelo teste do colo: você bota o livro no colo, se ele levantar sozinho é pornográfico. O dela ficou estático. É pornô-chic. Linguagem delicada e deliciosa. Ela chama pau de estrovenga. Se ela chamasse pau de pau não viraria *best-seller*?".

De qualquer forma, Hilda ainda acreditava no poder de sua obra anterior. Ao receber o jornalista Humberto Werneck, por exemplo, para falar sobre sua fase erótica, ela leu para ele um trecho da novela *Com os meus olhos de cão* e perguntou, olhando-o por cima de seus óculos:

— Não é lindo?

10

TER SIDO

No começo da década de 1990, Hilda ainda recebia em sua casa jovens interessados em sua obra. Um deles, Jurandy Valença, jovem de 21 anos, chegou de Maceió à Casa do Sol no dia 30 de novembro de 1991, convidado pela escritora. É que Hilda, ao receber um telefonema de um leitor de Maceió, ficara surpresa:

— Mas as pessoas me conhecem aí no Nordeste?
— Claro, Hilda, imagina!

Encantada, disse a ele que viesse visitá-la. Jurandy aceitou a sugestão da escritora para que pegasse carona em São Paulo com Mora Fuentes e Malu Fúria e, ao chegar à casa, viu uma cena nada usual: Hilda estava parada na porta, vestindo uma túnica branca com listras verticais rosa – na verdade, uma saia que ela transformara em vestido – e um chapéu de palha. Perto dela, usando luvas brancas, Gutemberg caçava ratos pelo jardim.

Hilda recebeu o novo visitante com doses de uísque, que duraram, assim como a conversa, a noite inteira. Imediatamente, gostou de Jurandy, pois percebeu nele uma série de coincidências, que interpretava como algum tipo de sinal: ele era, para Hilda, muito parecido com Apolônio quando novo. Além disso, seu endereço era cheio de outras curiosidades: ele morava na rua 21 de Abril – dia do aniversário de Hilda –, na casa de número 61 – a idade que Hilda tinha à época –, no bairro Prado, o que remetia à família Almeida Prado.

Depois dessa noite, Jurandy começou a passar todos os fins de semana na casa de Hilda, que até encontrou um emprego para o novo amigo, com Pedro Paulo Sena Madureira, editor da Siciliano, que havia acabado de publicar *Contos d'escárnio*. Algum tempo depois, porém, Pedro Paulo achou que o fato de Jurandy ser muito próximo a Hilda prejudicava seu trabalho na editora. Para o editor, a relação entre um escritor e um funcionário da editora era pouco profissional, e poderia influenciar Jurandy. Como ele se recusava a distanciar-se da amiga, acabou sendo demitido.

Hilda, então, decidiu ajudá-lo, com uma proposta para que Jurandy fosse morar na Casa do Sol. Ela precisava de alguém para ajudá-la com as coisas do dia a dia, já que Mora e Olga tinham acabado de mudar-se para São Paulo, para que ele pudesse submeter-se a novo tratamento nos rins.

— Eu não te pago nada, mas você vai ter casa e comida, faz companhia pra mim, cuida da arrumação dos livros, da biblioteca, da correspondência e me ajuda a datilografar papéis.

Jurandy achou o trato perfeito e, um mês depois, se mudou para lá. Enquanto isso, continuava trabalhando em Campinas, principalmente como repórter. A rotina na casa mantinha-se a mesma: os moradores acordavam, tomavam café da manhã juntos, falavam sobre seus sonhos, retiravam-se para seus quartos para ler ou trabalhar, e no fim da tarde encontravam-se de novo. À noite, como era hábito desde que a televisão chegara à casa, Hilda sentava-se, com uma garrafa de uísque, para ver a novela, até cerca de 22 horas, quando todos iam se deitar.

A época de grandes festas da casa havia ficado para trás. Na passagem de ano de 1990 para 1991, a escritora convidou Almeida

Prado para festejar na Casa do Sol. Às 19h, quando o primo chegou, encontrou Dante, Yara, Olga, Mora e Jurandy. O jantar havia sido preparado por Olga. Após a refeição, quando ainda eram cerca de 22h, Hilda ligou a televisão. Depois de pouco tempo, disse:

— Porra, que tédio. Tá tudo muito chato, vou deitar.

E, deixando os convidados sozinhos, retirou-se. Dante e Yara foram em seguida; Mora, Olga e Jurandy retiraram-se também, seguindo o exemplo da dona da casa. De repente, muito antes da meia-noite, Almeida Prado viu-se sozinho com noventa cachorros e a televisão. Chateado, tomou um táxi e foi embora, passando o ano-novo em um restaurante – e nunca mais aceitou esse tipo de convite da prima. Os dois continuaram se dando bem, mas viam-se apenas uma vez por mês, quando muito. A partir de 2002, porém, com a mudança de Almeida Prado para São Paulo, as visitas cessaram.

No segundo semestre de 1991, Hilda foi convidada para um congresso de escritores que seria realizado em Brasília entre os dias 24 e 28 de outubro. Ela sempre fora avessa a esse tipo de exposição e disse que não queria ir:

— Olha, eu tenho pavor de avião, não quero sair da minha casa!

O evento seria patrocinado por uma editora de Brasília, cujo proprietário, desejando a presença da escritora, a assediou intensamente para que comparecesse. Começou a lhe telefonar constantemente. Jurandy também insistia com a amiga para que fossem. Assim, quando Hilda recebeu mais uma ligação, negociou:

— Olha, eu só vou com meu assistente, e tem que ter quarto e passagem.

— Tudo bem, eu pago — respondeu, prontamente, o organizador.

— Ah, mas eu estou com a minha conta de telefone atrasada...

No fim da conversa, ela já havia conseguido fazer seu interlocutor pagar todas as suas contas. Assim, não teve como negar. No dia 24, Hilda e Jurandy chegaram ao aeroporto, fizeram *check-in* e ficaram tranquilamente conversando no saguão. Até que, muito tempo depois, Jurandy percebeu:

— Hilda, não passou a hora do nosso voo?

De fato, o voo que iriam tomar, em direção a Brasília com escala no Rio de Janeiro, já havia saído. Jurandy, porém, conseguiu remarcação, dessa vez com escala em Belo Horizonte. Mas Hilda estava pronta para desistir:

— Ah, não, Ju, se perdemos o voo foi um sinal!

Com muita dificuldade, Jurandy conseguiu convencê-la a embarcar. Ao entrarem, Hilda reparou logo em uma peculiaridade: havia no novo avião um time inteiro de futebol. Já com mau pressentimento – que a todo momento precisava ser acalmado por Jurandy (ele também não gostava de aviões) –, a escritora achou seu lugar e se sentou. Logo à sua frente, porém, estava um dos jogadores, chorando nervosamente. Hilda se sobressaltou:

— Viu?! Se um jogador de futebol está nesse estado, imagina eu! Estou com um mau pressentimento...

Nesse momento, uma aeromoça trouxe um comprimido com água ao jogador que chorava. A moça, também nervosa, derrubou o copo no colo do passageiro, enquanto reclamava:

— Eu nem deveria estar neste voo!

Foi o suficiente para que Hilda se convencesse de que o avião estava repleto de más energias. Olhando para Jurandy, lamentou-se:

— Ah, Ju, que pena... Eu sou tão velhinha, já sou consagrada, mas você é jovem, está no início de sua carreira...

— Hilda, se controle! — gritou Jurandy, segurando a mão de Hilda. Ela percebeu, porém, que a mão do amigo suava ainda mais do que a dela.

— Viu?! Você também está nervoso!

No fim, chegaram sem nenhum incidente. Em Brasília, foram ciceroneados por duas fãs de Hilda, que os levavam a todos os lugares. Aproveitaram o bar do hotel em que estavam hospedados, os passeios pelas livrarias. O voo, na volta, foi tranquilo.

Com o tempo, porém, Jurandy e Hilda começaram a brigar constantemente. Enquanto ele, jovem, gostava de sair para ir a Campinas, conhecer pessoas novas, ela achava que ele deveria ficar sempre na Casa do Sol:

— Quem você pode conhecer que é mais interessante que eu?

Jurandy admitia não haver ninguém. Mas, mesmo assim, não queria mais passar seu tempo naquela rotina e, após uma briga, acabou saindo da casa para morar em Campinas.

No ano de 1994, quando pelo menos um ano já havia se passado desde sua mudança, Jurandy estava trabalhando como repórter no *Correio Popular*, e seu editor pediu a ele que fosse entrevistar Hilda. Apreensivo, ele ligou para a escritora, que respondeu:

— Ju, querido, há quanto tempo! Venha fazer a entrevista, sim, que bom!

E foi assim, sem nenhuma explicação sobre a briga nem qualquer ressentimento, que os dois voltaram a se aproximar. Depois disso, Jurandy ainda passou cerca de três meses morando na Casa do Sol, enquanto arquitetava sua mudança de Campinas para São Paulo.

Em 1995, Hilda viu-se numa situação, até ali, inédita: estava sozinha na Casa do Sol. Nenhum de seus amigos morava mais lá, ao menos permanentemente. Mora Fuentes e Olga estavam vivendo em São Paulo, pois o escritor precisava submeter-se a um novo tratamento médico. Dante e Yara viviam em uma casa construída atrás da Casa do Sol. Jurandy também saíra da casa. Hilda recebia apenas algumas visitas de fim de semana.

A solidão se combinou ao peso da idade, e a escritora começou a beber mais do que nunca – diz-se que, em um mesmo dia, chegava a duas garrafas de vinho do Porto ou uma de uísque. Não raro, recebia pessoas alcoolizada. Sem empregados – pois estava com sérios problemas de dinheiro, cada vez mais enrolada em dívidas de IPTU –, deixava que qualquer pessoa entrasse em sua casa. Assim, acabou perdendo muitas coisas de valor, especialmente joias. Hilda preenchia seu tempo assistindo à televisão e, raramente, lendo. Seu último livro havia sido lançado em 1993 – *Rútilo nada*.

Em um domingo de 1995, recebeu uma triste notícia: Mirella Pinotti, a filha de seu amigo, de quem a poeta gostava tanto, havia morrido, aos 19 anos, em um acidente de carro. Hilda entristeceu-se ainda mais. Na terça-feira, o *Correio Popular* publicou um poema seu em homenagem à jovem. Alguns meses depois, Hilda lançou um volume de poemas dedicados à amiga, *Cantares do sem nome e de partidas*.

No ano seguinte, Almeida Prado musicaria o poema publicado no jornal e outros dois do livro, numa obra de vinte minutos para canto e cordas. Para o músico, a decisão de produzir a música se deu de forma espiritual: algum tempo depois da morte de Mirella, andando pelo shopping, ouviu a voz da menina, pedindo: "Tio, musique a pastora". Sem entender direito, voltando para casa encontrou um envelope de um concurso, que exigia uma obra de vinte minutos para canto e cordas. Deixou de lado e foi ler a Bíblia, um de seus costumes. Abriu numa página aleatória e, dentro dela, encontrou o recorte de

> Quando você se entrega assim, completamente, só pode esperar por uma resposta na sua frente, uma resposta do outro. Eu não consigo me desvincular a esse ponto, deixar de ter laços com meus semelhantes. Isso não pode acontecer.

jornal com o poema de Hilda para Mirella. Interpretando o acontecido como um sinal, Almeida Prado atendeu ao pedido da menina.

Em 1996, Hilda ganhou novamente a companhia de Vivo. Não era sempre, porém, que podia contar com o amigo, que sofria constantes variações de humor e, às vezes, ficava algum tempo sem aparecer na casa.

Nesse ano, ela sofreu mais uma grande perda: Caio Fernando Abreu morreu, em 26 de fevereiro, vítima da aids. Anos antes, eles haviam feito um combinado dos mais estranhos: quem morresse primeiro, iria avisar o outro. Após a morte do amigo, a escritora disse a amigos que o viu nos jardins da Casa do Sol.

Quatro anos após o lançamento de seu último livro de prosa, *Rútilo nada*, e dois após os poemas de *Cantares do sem nome e de partidas*, Hilda lançou *Estar sendo. Ter sido*, a estreia da editora Nankin no mercado editorial. Um ano antes, o poeta Fabio Weintraub havia sugerido a seu amigo Valentim Facioli, professor de literatura, que criassem a editora com o livro que a amiga Hilda estava escrevendo. O sócio topou na hora. Em novembro de 1996, ela recebeu o adiantamento. No início do ano seguinte, a novela foi lançada.

É nesse livro que a escritora reconhece presença maior de traços autobiográficos. Em suas entrevistas, Hilda conta como criou Vittorio, o personagem central, e de que forma ela mesma se expressa por meio dele: "Vittorio é a procura que eu sempre tive em toda a minha vida, em todos os meus livros. Desde o primeiro momento, tudo o que eu escrevi foi uma busca de Deus, da perfeição. [...] Quando Vittorio sente que aquele Deus existe, aquele Deus que ele nunca compreendeu e nunca vai compreender, ele fica 'a mula de Deus', um ser mortal, definitivo, pronto para morrer, mas humilde diante da incompreensão vastíssima desse Deus".

Hilda anunciou que, depois desse livro, deixaria de escrever. E realmente fez dele uma espécie de testamento literário, já que, na segunda parte, o protagonista vê desfilar à sua frente personagens de obras anteriores da autora, como Hillé e Qadós. Também a memória do pai reaparece, em toda a sua força: em meio à narrativa, são transcritos poemas atribuídos a Apolônio, que por fim emerge como uma das máscaras do narrador.

Tratou-se, de fato, do último livro com textos inéditos. *Cascos & carícias*, reunião de crônicas que Hilda publicou entre 1992 e 1995 em sua coluna dominical no *Correio Popular*, foi lançado em 2000. A capa escolhida resume o espírito desses textos: com um sorriso leve, a autora aparece em uma foto reproduzida treze vezes – cada uma sob um ângulo – mostrando o dedo do meio. Com uma linguagem mais simples do que o restante de sua obra, ela realiza, aqui, seu projeto geral, o de sacudir o leitor, como exemplifica o texto intitulado "No do outro não dói, né, negão?": "Tá sem teto? F... Tá com fome? Também! Amém. Estas são as respostas que esperam de nós diante da miséria humana, da ferocidade, do dissoluto sem nome que há no homem. Tá morrendo, cara? F... espera, o Brasil ganhará o Tetra! Aí, sim, vai ser tão bom! Né, negão?// E cuidado, madamas: não pensem muito, que isso de pensar acentua as rugas! Comam vossos churrasquinhos e brioches do amanhã também. Bom domingô, ou 'Bom *dimanche*', como diria, antes 'daquilo', Monsieur Guillotin".

Foi por meio de Facioli que a poesia de Hilda chegou ao Canadá. Os poetas franceses Pierre Nepveu e Tom Bélanger, representando a editora Noroît, viajaram a São Paulo. Encontraram a literatura de Hilda e firmaram um acordo com a Nankin: uma edição bilíngue de *Da morte. Odes mínimas* seria lançada pela Noroît sem o pagamento de direitos autorais. Em troca, seriam enviados para os brasileiros duzentos exemplares da revista *Latitudes*, com textos de nove poetas de Québec em francês e em português.

A Nankin foi responsável também pela publicação das peças de teatro de Hilda. Contudo, embora tenha pagado o adiantamento, no final de 1999, para a edição do teatro completo em dois volumes, apenas o primeiro deles foi lançado. É que o contrato tinha duração de cinco anos. O número dois já havia sido revisado e diagramado, mas o tempo passou. Quando os editores decidiram terminá-lo, Hilda já havia contratado outra editora.

O dinheiro recebido como adiantamento não era suficiente para reverter a dificuldade financeira com que Hilda vinha tendo que lidar desde 1990, quando ficara mais endividada, e que estava se agravando. Apesar de ser difícil imaginar que isso pudesse acontecer a uma mulher que já fora muito rica, Hilda, bastante generosa, costumava sustentar quem morasse em sua casa. E ainda comprava presentes para os amigos, que iam desde livros até joias.

Além disso, Hilda e Ruy haviam decidido, fazia muito tempo – ainda na década de 1970 –, lotear as terras que tinham herdado de Bedecilda, processo que já estava em curso desde meados de 1980. A área total da Fazenda São José somava 189 alqueires, contando com a extensão de 60 mil metros quadrados onde foi construída a Casa do Sol e outros 60 mil metros quadrados pertencentes a Ruy, onde ele nunca chegou a construir nada. A área viraria, na mão de uma empreiteira, um novo condomínio, e Hilda manteria a fração de terreno correspondente a sua casa, onde seguiria morando.

Em conversas com empresários, os irmãos viram que havia duas possibilidades diversas: deixar nas mãos de um profissional apenas a missão do loteamento (e, nesse caso, se desse certo ou errado, todos teriam que arcar com o lucro ou prejuízo) ou vender todas as terras, por um preço fixo, que seria pago de acordo com a implantação do condomínio. Optaram pela segunda, sem imaginar que a região em torno do sítio passaria por um rápido desenvolvimento.

O condomínio, chamado de Shangrilá, começou a fazer um grande sucesso de vendas, e a S. Silva Imóveis, responsável por sua implantação, ganhou muito dinheiro. Hilda revoltou-se, querendo renegociar o valor, sob a suspeita de que a imobiliária, sabendo que lucraria de tal forma, os enganara. Sensato, Ruy tentava acalmar a irmã:

— Hilda, foi isso que nós acertamos – dizia.

— Ah, mas ele lucrou muito, ele foi desonesto! — replicava Hilda.

Depois de um tempo, Ruy parou de argumentar. Vendo, porém, os níveis que a inflação no país havia atingido, pediu que as parcelas fossem adiantadas. Hilda não quis fazer o mesmo, e envolveu-se em uma briga judicial perdida.

O loteamento das terras e a construção de uma estrada de ligação entre Campinas e Mogi-Mirim bem em frente à propriedade causaram ainda mais um problema para Hilda. Antes, os impostos de sua chácara eram pagos com os valores da construção em área rural. Mas, com o desenvolvimento, a região passou a ser considerada área urbana, e Hilda teve que começar a pagar IPTU (Imposto Predial e Territorial Urbano) – e não apenas o dela, como também o de todos os terrenos que haviam sido vendidos, já que a prefeitura alegava não haver comprovação da venda à imobiliária S. Silva.

O valor dos impostos cresceu tanto que, em 1998, Hilda estava devendo o equivalente, hoje, a cerca de R$ 300 mil. Seus advogados entravam com sucessivos pedidos na prefeitura para que a dívida fosse perdoada. A resposta era sempre negativa. Hilda pediu ajuda, mais uma vez, a Pinotti, que foi pessoalmente pedir ao prefeito da cidade, Francisco Amaral, o perdão da dívida de

Hilda. Apesar de Amaral já ter recebido alguns favores de Pinotti, negou novamente.

Ao mesmo tempo, paradoxalmente, corria na Câmara Municipal um projeto de lei para entregar a Hilda o título de "Cidadã Campineira" – que ela, aliás, nunca quis receber, indignada com o processo da dívida. A matéria não foi levada adiante, provavelmente, por causa mesmo dessa recusa.

Apesar da falta de dinheiro e das dívidas crescentes, Hilda decidiu contratar um novo empregado para a Casa do Sol para cuidar de seus cachorros, que a essa época somavam cerca de 90. Foi assim que Francisco das Chagas Silva chegou ao local, levado por um amigo. Relutante, ele não queria largar seu emprego em Campinas, em uma firma de limpeza.

Ao conhecer Hilda, achou-a esquisita – a forma de falar e de se vestir eram muito diferentes de qualquer coisa que já havia visto. Ela, porém, decidiu que ele seria o caseiro ideal e ofereceu pagar o dobro de seu salário. Chico não teve como não aceitar. Mudou-se para a casa na semana seguinte.

Foram apenas alguns meses até que se tornassem, além de patroa e empregado, amigos. Chico ajudava Hilda com todos os afazeres da casa. No fim da tarde, sentavam-se juntos para assistir à novela.

A escritora tentava ensiná-lo a escrever e falar corretamente o português, para que pudesse compreender seus livros, sob o argumento de que era um absurdo alguém morar em sua casa sem ter ao menos lido alguma coisa de sua produção. Contratou duas professoras de português. Ambas foram demitidas em menos de uma semana, por incapacidade de ensinar Chico a ler sua obra.

Ela, além disso, divertia-se com o amigo. Costumava chamá-lo de "criado mudo", uma brincadeira com sua timidez:

— Nossa, Chico, você é bossa mudo mesmo, hein? Que chato, não fala nada!

Acabou por causar uma confusão quando, durante uma entrevista, pediu a ele que buscasse algo em seu criado-mudo, ao lado da cama. Ele apenas riu, pensando que fosse uma brincadeira. Hilda pediu novamente que ele fosse ao criado-mudo. Novamente, Chico não se levantou do sofá. Então, ela percebeu o que acontecia:

— Chico, você não sabe o que é um criado-mudo?

Ele respondeu que pensava ser apenas a maneira como ela o chamava. Hilda e o jornalista que a entrevistava riram e foram todos até o quarto, mostrar ao caseiro do que se tratava. Só então ele entendeu a brincadeira de Hilda.

Apenas no começo de 1998, José Luis Mora Fuentes voltou a morar na Casa do Sol, já recuperado de seu transplante. Hilda contava também com a companhia do escritor Yuri Vieira dos Santos, que chegara lá atraído pela obra da escritora.

À época, Yuri passava por um momento difícil em sua vida – estava tentando, por meio de leituras e outras práticas, se "reencontrar com Deus". Ao chegar à Casa do Sol e ver pendurado na parede um colorido quadro de Jesus – presente do amigo Mário Schenberg para Hilda –, pensou:

— Agora, estou em casa!

De fato, logo, ele e Hilda deram-se muito bem. A escritora, que nessa altura morava sozinha, acompanhada apenas de Chico, abriu sua casa para Yuri. Enquanto recebia abrigo e comida, ele ajudava Hilda com tarefas da casa e outros favores, como, por exemplo, a criação do primeiro site oficial da autora. Para isso, recebeu de Hilda total acesso a seus diários, e selecionaram, juntos, passagens deles para exibir na internet. Hilda, porém, censurou as partes que falavam sobre sexo:

— Com essa história de aids, hoje em dia... Não vamos estimular isso, não, pode cortar!

Mora Fuentes e Vivo ajudavam Yuri a montar a página, revisando os textos que ele ia copiando das introduções dos livros de Hilda. Ela achava bonito, mas, como não entendia nada de computadores, não sabia para que servia. E se assustou ao receber a explicação:

— Hilda, alguém vai poder entrar do Japão e ver você.

— O quê?! Dá pra ver lá do Japão? Então, tira, Yuri! Essa casa vai encher de gente, os cachorros não vão aguentar!

— Não, Hilda, a gente não vai pôr o endereço da sua casa, é só o endereço do site!

— Ah, então, tudo bem!

A partir da segunda metade dos anos 1990, depois de passar alguns anos sem se dedicar ao assunto, Hilda voltara a se interessar pela transcomunicação instrumental, após receber um livro escrito por Sônia Rinaldi, pesquisadora do assunto, chamado *Transcomunicação instrumental: contatos com o além por vias técnicas*. Hilda aprendia, agora, que o contato com os mortos – residentes, segundo acreditava, de um planeta chamado Marduk – podia ser feito não apenas por intermédio do rádio, mas também de telefones, fax, aparelhos de televisão e todo tipo de mídia eletrônica. Entusiasmada com a vida naquele planeta, dizia em entrevistas: "Tem um casal em

Luxemburgo que está recebendo, mesmo com o fax desligado, fotografias de um planeta chamado Marduk, onde existem pessoas fantásticas. São técnicos, matemáticos, físicos, escritores, que fazem todo um trabalho para poder mandar para a Terra tudo isso. Eu acredito na imortalidade. Não só acredito, mas tenho certeza".

Se a escritora não tinha mais vontade de reproduzir as experiências descritas no livro, isso não a impedia de estudar o assunto com afinco. Hilda chegou a trocar cartas com Rinaldi, e as duas conversaram sobre a transcomunicação, a existência de Marduk e outros assuntos afins. Mas nunca se conheceram pessoalmente.

Yuri, já acostumado a conversar com Hilda sobre assuntos tão diversos como a existência de Deus e a novela das oito, era quem discutia com Hilda sobre os moradores de Marduk. Frequentemente, a ouvia dizer que o motivo pelo qual se preocupava em ler tanto era a vontade de poder conversar, quando estivesse lá, com pessoas como Albert Einstein ou Freud. E Hilda ia ainda mais longe, pensando em sua chegada ao planeta:

— Nossa, vou ter a maior discussão com a minha mãe pra ver quem vai namorar meu pai!

Em uma das cartas que mandava para Sônia Rinaldi, Hilda pediu a ela uma cópia de seu livro sobre transcomunicação. Quis, porém, que fosse entregue não em sua casa, mas na do amigo e jornalista Cláudio Fragata, que a havia entrevistado, em 1996, para a revista *Globo Ciência*. A partir de então, Fragata tornou-se um de seus maiores amigos.

Decidida a divulgar a transcomunicação, Hilda ligou para ele, em uma madrugada, como era seu costume. Quando o amigo disse ter recebido o livro, ela pediu que ele fizesse uma matéria sobre isso na revista – afinal, tinha convicção de que se tratava de um assunto científico. Para evitar discussões, o jornalista concordou, mesmo sabendo que nunca cogitaria sugerir uma pauta como essa.

Em 1999, Hilda já estava com a saúde debilitada e parara de escrever após seu último livro, *Estar sendo. Ter sido*, que no ano seguinte teria uma segunda edição. Continuava, cada vez mais, decepcionada com a falta de reconhecimento público no que ela já achava ser o fim de sua vida. Mas foi nesse ano que as coisas começaram a mudar.

O amigo de tempos antigos, Antônio Fernando De Franceschi, o mesmo que integrara, nos anos 1960, o grupo de poetas Novíssimos, tornara-se superintendente do Instituto Moreira Salles e diretor editorial dos *Cadernos de Literatura Brasileira*. Telefonou para Hilda com uma proposta: que ela fosse o tema do número 8 da revista. A escritora, emocionada com o que via como primeiro sinal de reconhecimento, aceitou. Marcaram a entrevista para o dia 13 de setembro, quando Franceschi foi à Casa do Sol acompanhado do editor-executivo dos *Cadernos*, Rinaldo Gama, e do fotógrafo Edu Simões.

Mas, ao contrário do que os três esperavam, Hilda não estava de bom humor: já eram 8h45, e eles haviam combinado o encontro para as 8h. Sentaram-se na mesa da sala. Hilda colocou na mesa três copos grandes e uma garrafa de vinho do Porto. Encheu seu copo. Rinaldo e Franceschi aceitaram apenas "um dedinho", para não contrariá-la, já que, afinal, estavam trabalhando – e ainda era cedo.

Quando Hilda havia bebido toda a garrafa, interrompeu a entrevista, levantou-se e foi a seu quarto descansar. A equipe almoçou lá, acompanhada de Mora Fuentes e Olga. Foi apenas muitas horas mais tarde que a escritora retomou a conversa, ainda abalada pela quantidade de bebida.

Cerca de um mês mais tarde, quando a edição estava pronta, Franceschi voltou à Casa do Sol, junto de Lygia Fagundes Telles, para entregar uma cópia a Hilda. No porta-malas, a certeza de agradar a escritora: duas garrafas de vinho do Porto. Mas, dessa vez, Mora advertiu antes que ela visse o presente: "Não!

Hilda parou de beber!". Vendo a saúde da amiga piorar, ele a havia convencido de que era melhor mesmo que ela parasse com a bebida. Só não conseguiu fazê-la parar de fumar: ela continuava acendendo um cigarro após o outro.

No mesmo ano, Hilda seria homenageada ainda de outra forma: *O caderno rosa de Lori Lamby* estava sendo adaptado para o teatro, dirigido por Bete Coelho e encenado pela atriz Iara Jamra no Espaço OFF de Teatro, em São Paulo. Hilda foi assistir à peça acompanhada de Rita Ruschel e Lygia Fagundes Telles, após conceder uma entrevista a Rita no apartamento de sua amiga escritora, no bairro dos Jardins. Apesar de haver, no máximo, duas dúzias de espectadores, a escritora se divertiu e riu muito. Mais tarde, porém, comentou com Rita:

— Eu tenho textos tão mais interessantes do que esse...

Em 2000, Cláudio Fragata tornou-se editor da revista infantil *Recreio*, publicada pela editora Abril, na qual havia uma sessão de poemas destinados ao público infantil. Sabendo que Hilda estava sem dinheiro, o editor ligou para ela, pedindo que escrevesse dois poemas, pelos quais seria paga, para serem publicados na revista. Alegando que já parara de produzir, Hilda recusou. Dias depois, porém, ligou de volta ao amigo:

— Eu posso usar palavrão? — perguntou.

— Não, Hilda, não pode — respondeu Fragata.

— Nem se eu escrever sobre o cu de um sapo? — insistiu.

— Hilda, não pode, é para criança! — tentou argumentar o jornalista.

— Mas, então, criança adora cu! — disse Hilda, e terminou a discussão.

Alguns dias depois, chegaram às mãos de Fragata dois poemas de Hilda. Para alívio do editor, nenhum deles continha palavrões. Ainda que não pudessem ser considerados infantis – Fragata desconfia que a amiga tenha mandado dois poemas antigos, foram publicados da forma como chegaram.

O ano guardava ainda algumas surpresas e homenagens agradáveis para Hilda. Em seu aniversário de 70 anos, houve uma comemoração na Casa do Sol. Participaram Mora Fuentes, Olga, Jurandy Valença, Edson Duarte, Newton Bernardes e Leusa Araújo e seu marido, Leandro Esteves. A escritora, que gostava de se vestir em estilo indiano, vestiu uma bata azul nova e colou, entre os dois olhos, um *bindi* – o terceiro olho. Yuri a viu saindo do quarto e comentou:

— Nossa, Hilda, como você está gatinha!

— Você acha mesmo? — disse Hilda, sorrindo.

Eles se sentaram na sala, e ela ficou olhando para o jovem amigo, fazendo poses. Ele ficava olhando para ela, num impulso de paquerá-la. Hilda, charmosa, perguntou:

— Por que você está me olhando assim?

— Nada, não, Hilda.

Yuri sabia que ela estava de brincadeira. E sabia também que aquilo a havia feito pensar que ainda era capaz de seduzir um homem.

Junto aos seus 70 anos, Hilda celebrava também algumas duradouras amizades, como a que mantinha com a arquiteta Gisela Magalhães, que acabava de completar a mesma idade. Mas Gisa estava, por assim dizer, em dívida com a amiga. Em 1990, montara uma exposição em homenagem a Clarice Lispector, apenas para ouvir de Hilda:

— Pra mim, você não faz uma coisa bonita dessas!

Passados dez anos desde a reclamação, Gisa achou que chegara a hora de homenagear a amiga. Montou, junto ao produtor Ricardo Fernandes, uma exposição no Sesc Pompeia sobre o mundo da autora.

Na abertura, em 5 de dezembro de 2000, Hilda usou um vestido azul e um colar de prata; percorreu a exposição apoiando-se na bengala que usava desde 1998. Ia acompanhada por Lygia Fagundes Telles – que a ajudava a andar, de braços dados –, Mora, Olga, Leusa e Leandro, Dante, Yara e sua filha.

Hilda estava muito feliz com a homenagem. A exposição reunia símbolos que lhe eram muito caros – inclusive, registros de seus autores preferidos, os que mais a influenciaram: Samuel Beckett, Ludwig Wittgenstein e Franz Kafka (de quem Hilda guardava uma foto em sua mesa de trabalho).

O local era quase um labirinto: pelos corredores, mato (alusão aos arredores da Casa do Sol), um painel com os livros de Hilda, seus originais datilografados e corrigidos, fotos de sua vida e família. Ao fim, em meio à água, era possível ver a exposição ao avesso – bem à maneira de Hilda.

No ano seguinte, 2001, Hilda ganharia mais uma homenagem, dessa vez do músico Zeca Baleiro – cuja popularidade era aspirada pela autora, que costumava dizer que queria ser tão famosa como ele.

Zeca Baleiro ouviu um poema de Hilda Hilst pela primeira vez quando ainda era conhecido apenas como o jovem José Ribamar Coelho Santos. Ele tocava com seus amigos em bares da noite *junk* de São Luís, no Maranhão. Luisona – o professor de inglês Luís Henrique –, nos fins de noite, costumava subir nas mesas dos bares para recitar versos. Muitas vezes, de poetas malditos – como não deixava de ser a condição de Hilda. Os versos chamaram a atenção de Zeca, que correu para ler *Com os meus olhos de cão e outras novelas.*

Quando lançou seu primeiro disco, *Por onde andará Stephen Fry?*, em 1997, o compositor enviou uma cópia à escritora, junto a uma dedicatória e a um poema que fizera em sua homenagem – usando como mote o fato de sua avó e uma de suas irmãs se chamarem Hilda. O músico imaginava que nunca receberia uma resposta. Mas, uma semana depois, Hilda telefonou à casa de Zeca. Disse que havia adorado duas músicas: "Heavy metal do Senhor", cuja estrofe diz "o cara mais *underground* que eu conheço é o diabo", e "Bandeira", uma música mais calma, quase romântica. Hilda ainda propôs uma parceria:

— Essa história de literatura é uma merda, não dá camisa a ninguém. O prestígio não vale nada, eu quero é dinheiro!

Zeca ficou surpreso. Ainda mais quando a escritora mandou que ele pegasse um papel e anotasse os seguintes versos, pertencentes ao livro *Trovas de muito amor para um amado senhor*: "Ave/ Nave/ Moinho/ E tudo o mais serei/ Para que seja leve meu passo em vosso caminho".

Ele musicou os versos, mas nunca gravou a música, que apresenta em alguns shows. Em seguida, recebeu um disquete, enviado por Vivo, com todos os poemas de Hilda. Foi então que percebeu que a proposta era séria.

No livro *Júbilo, memória, noviciado da paixão*, o compositor encontrou canções em potencial. E decidiu musicar os dez poemas reunidos sob o título "Ode descontínua e remota para flauta e oboé. De Ariana para Dionísio". Apenas em 2001, no dia 4 de junho, quando havia terminado as composições e enviado uma cópia para Hilda, Zeca decidiu fazer uma visita e, finalmente, conhecê-la pessoalmente.

Ela o esperava desde as 10h30 daquela terça-feira, com o CD demo da parceria tocando pela casa. Baleiro apareceria somente por volta das 13 horas. Alguém ligou e avisou que o músico estava chegando. Mora Fuentes, Olga, uma repórter do *Correio Popular* e uma equipe do canal Multishow – que registravam o momento – foram à entrada da casa, acompanhados de Hilda. Durante a espera, ela disse:

— Do jeito que a gente está, até parece que ele (Baleiro) é o (Gustav) Mahler e eu, a Emily Dickinson.

Dois carros, enfim, cruzaram os portões – escoltados pelos cães de Hilda. Zeca Baleiro desceu de um deles, com flores para sua parceira musical:

— Trouxe estes girassóis para você e sua Casa do Sol — disse.

O cantor entrou, viu as fotos que Hilda colecionava nas paredes da sala, e fez um comentário sobre Apolônio:

— Ele parece o Cary Grant.

Todos se sentaram à mesa, diante de uma garrafa de vinho e uma cesta de frutas. Conversaram. Baleiro tocou músicas de seu CD solo. Ele e Hilda fizeram planos para a parceria.

Apenas cinco anos depois ficaria pronto o CD *Ode descontínua e remota para flauta e oboé – De Ariana para Dionísio*, produzido pela Saravá Discos (selo do próprio compositor). Para cada uma das dez faixas, Baleiro convidou uma cantora brasileira. Mora Fuentes fez uma entrevista com Hilda sobre seus gostos musicais – na qual a escritora brinca, dizendo não ter nenhum relacionamento com a música –, que seria publicada no encarte. O lançamento oficial aconteceria no dia 4 de maio de 2006, em um show no Sesc Pompeia, em São Paulo, com participação de três das intérpretes: Zélia Duncan, Ná Ozzetti e Olívia Byington – dois anos após a morte de Hilda.

Em 2001, com o intuito de reformar seu setor livreiro, a Editora Globo convidou o jornalista Wagner Carelli para ser o *publisher* da casa. Ele estava interessado em resgatar uma característica da editora quando, embora ainda uma pequena casa gaúcha, possuía os direitos autorais sobre obras completas de autores consagrados, como Érico Veríssimo. Quem lhe trouxe uma sugestão que casou com essa ideia foi o poeta Bruno Tolentino, um de seus autores:

— Eu estive na Casa do Sol, Carelli. A obra da Hilda está inteirinha lá, à venda.

Interessado, ele marcou um encontro no apartamento do casal Mora e Olga, em São Paulo, na alameda Lorena. Os amigos de Hilda apresentaram a Carelli a relação e a descrição de todos os seus livros, além de uma proposta: R$ 500 mil pela obra completa, ou cerca de R$ 10 mil por livro, em valores da época. Analisando o material – que lhe pareceu uma colcha de retalhos –, Carelli percebeu haver ali o potencial de uma grande obra. Perguntou a Mora Fuentes quem seria o organizador do projeto, ao que o escritor prontamente respondeu: Alcir Pécora.

Carelli procurou pelo professor da Unicamp – amigo de Hilda e grande conhecedor de sua obra. Perguntou de que forma o trabalho poderia ser realizado. A resposta veio rapidamente, com um plano de lançamento e com a organização da obra em dezenove livros. Embora a editora tivesse previsto apenas três, o projeto de Pécora foi aprovado. O *publisher* fez, então, a contraproposta para Hilda e seu amigo Mora Fuentes: R$ 150 mil, em dez parcelas de R$ 15 mil. Eles aceitaram.

Quando Wagner Carelli o convidou para o trabalho, Pécora colocou apenas duas condições. A primeira era que tivesse total domínio sobre a organização, de modo que ninguém pudesse interferir em suas decisões. A segunda era o consentimento de Hilda com o fato de ele ter sido escolhido. Pécora queria conversar pessoalmente com ela sobre isso.

A escritora, ao ver o projeto de Pécora, também não teve nenhuma queixa, nem quis interferir. Só dava opinião quando o organizador decidia juntar mais de um livro no mesmo volume, caso, por exemplo, de *Do desejo*. Então, ele ia à casa dela e perguntava qual o novo título que ela gostaria de dar para o livro. Ela respondia na hora. Por mais que Alcir Pécora temesse a desaprovação de Hilda cada vez que ia à sua casa, ela nunca contestou nenhuma parte do projeto. Talvez soubesse que sua obra, independentemente dos detalhes da organização, não perderia sua força. Quando o projeto ganhou o prêmio da APCA (Associação Paulista de Críticos de Arte), Hilda, já muito doente, não quis ir à cerimônia de entrega, tendo sido representada por Pécora.

O primeiro encontro entre Wagner Carelli e Hilda Hilst aconteceu depois de todas as negociações, quando ele foi à Casa do Sol para a assinatura do contrato. Ela já estava com a voz fraca, debilitada, mas o recebeu com alegria.

A escritora passara grande parte de sua vida se queixando do desprezo do público por seus livros. Da indiferença das pessoas à seriedade do que havia expressado em mais de quarenta títulos. Dava entrevistas a rádios, TVs e jornais criticando editores, que também tratavam sua obra com desdém.

Mulher sem cerimônias – em palestras, entrevistas, jantares de amigos, falava o que lhe ocorria, sem restrições. Na viagem pela Europa, cantou Marlon Brando, como se fosse um amigo antigo e próximo. Durante a faculdade, era uma moça loura, elegante, que se sentava em bares e tomava cerveja, comendo pastel. Conheceu seu marido convidando-o para um jantar. Aproximou-se de um namorado elogiando a beleza dele. Hilda Hilst emprestou à assinatura do contrato toda a solenidade que dispensara até então.

Era a tarde do dia 23 de julho de 2001. Carelli foi recebido por José Luis Mora Fuentes e outros amigos de Hilda, que os deixaram sozinhos rapidamente. Um repórter fotográfico acompanhou a assinatura do contrato. Carelli e a escritora ainda não se conheciam. Sentaram-se à mesa de madeira maciça da sala para tomar vinho e celebrar a venda das obras completas.

— Este daqui é fraquinho — dizia Hilda, referindo-se à bebida adocicada, que o editor achou horrorosa.

Como costumava fazer com todos os seus convidados, ela começou a falar sobre seu pai, sobre as visitas que recebera de pessoas mortas, sobre sua vida. Conduziu o editor ao escritório, onde guardava os objetos por que nutria grande carinho: livros, cadernos de anotações, miudezas que herdara de sua mãe, fotos de escritores admirados. Cerca de vinte cachorros corriam. Pelas portas abertas da casa, transitavam entre o pátio, os aposentos e o longo jardim de entrada.

Carelli sentiu-se fora do tempo, fora do espaço. A Casa do Sol, projetada pela própria autora, era também parte de sua obra. Para ele, a atmosfera era de um *darshan*, o que para os hindus significa a contemplação da divindade. Era como se ele viesse dar as bênçãos, viesse iluminar a escritora até então considerada maldita, à margem. Ele encarava o momento como um encontro entre entidades. Não foi uma relação de negócios ou de amigos, mas de espírito.

E todo o cenário o fazia crer que Hilda Hilst sentia-se entregue. Que pensava: "Agora, eu posso morrer". Entregou-se por completo. Entregou o trabalho a que havia dedicado sua vida inteira.

Em uma manhã no fim de 1996, Vivo acordou e foi chamar Hilda. Ainda deitada, ela estava com dificuldade para falar. Seu lado esquerdo parecia paralisado. Vivo ligou para Mora Fuentes, que estava em São Paulo para se submeter a um novo transplante de rim. O amigo, da capital, recomendou:
— Liga pro Pinotti imediatamente.
Vivo seguiu a orientação. Pinotti enviou um médico de Campinas, seu conhecido, para atender Hilda em casa. Ela havia sofrido um acidente vascular cerebral. Foi medicada e recebeu instruções para ingerir um comprimido do antitrombótico clopidogrel por dia. Ela tomava também Flor de São João, uma medicação natural.

Cerca de um mês depois, Mora Fuentes, já recuperado de sua cirurgia, foi com Lygia Fagundes Telles e a sobrinha dela, Márcia Horta, visitar Hilda. A escritora estava na cama, com os movimentos bastante prejudicados. Vivo também estava abatido.

Segundo orientações recebidas depois, Mora soube que levar Hilda ao hospital após o acidente vascular era imprescindível. Ela deveria ter passado por uma série de exames e realizado sessões regulares de fisioterapia para amenizar as sequelas. Mas, teimosa como sempre, a escritora se recusava a ir ao hospital e a tomar corretamente sua medicação. E Vivo – tendo que lidar com seus próprios problemas – não conseguia obrigá-la.

Além disso, os dois se alimentavam bastante mal: como quase não sentiam fome, se esqueciam de comer. Preocupado com a situação, Mora Fuentes telefonou novamente para Pinotti, que decidiu encaminhar com frequência médicos à Casa do Sol. (Nada do que o ex-reitor fazia pela amiga era cobrado.) Em 1998, já recuperado de seus problemas de saúde, o escritor voltou, com Olga, a morar na Casa do Sol, com a intenção de cuidar de Hilda.

O tratamento veio tarde. Ela acabou sofrendo várias pequenas isquemias cerebrais. Todas menores do que o primeiro acidente, quase não apresentavam sintomas: Hilda apenas acordava com maiores problemas para falar. Chamava Mora e dizia:

— Olha que engraçado, Zé. Acordei sem conseguir falar direito...

O amigo corria a levá-la para o hospital. Hilda recuperava-se lentamente da dificuldade para falar.

Mora estava decidido a fazer com que ela seguisse as recomendações médicas, entre as quais estava a realização de tomografias. Em meados de 1998, levou Hilda para realizar um desses exames em um laboratório particular de Campinas. Como a escritora se incomodava com assuntos médicos, o amigo sugeriu que entrasse com ela na sala e segurasse sua mão durante o procedimento. Mas foi impedido de acompanhá-la. Ele, contudo, alertou os enfermeiros:

— Deixem a cabeça dela mais alta do que o resto do corpo. Ela tem labirintite.

De fato, Hilda tinha crises de tontura desde antes das isquemias. Algumas vezes, tomava cinarizina para evitá-las, mas em geral bastava um travesseiro mais alto para que ela se sentisse bem. Os atendentes não deram atenção ao aviso. Dos cinquenta minutos necessários para o exame, Hilda aguentou apenas dez – durante os quais se queixou de tontura. A paciente, então, levantou-se:

— Ah, puta que o pariu, não aguento mais!

O amigo entrou na sala e a ajudou a sair da máquina onde estava sendo feito o exame. Mas não sem antes reclamar para os enfermeiros:

— Por que vocês não fizeram o que eu falei?

Dois dias depois, a escritora teve outra isquemia cerebral.

Em 2002, Hilda teve câncer no pulmão direito. Como o tumor ainda estava em estado inicial, foi removido por meio de uma videotoracoscopia, cirurgia simples, realizada no dia 24 de abril no Hospital das Clínicas da Unicamp, por médicos indicados também pelo ex-reitor Pinotti. Para que o procedimento, que durava duas horas, fosse realizado, ela precisou se submeter a sessões de fisioterapia pulmonar. Por causa dos três maços e meio diários de cigarro que fumava desde a faculdade, sua capacidade pulmonar era muito baixa. Havia grandes áreas de enfisema.

A cirurgia correu bem. Não houve metástase; o câncer foi eliminado. No entanto, Hilda teve dificuldades para voltar da anestesia, já que, com baixa capacidade pulmonar, sua oxigenação era mais complicada. Demorou mais do que o previsto para que ela recebesse alta e, quando recebeu, levou bastante tempo para que conseguisse andar sem dificuldade. Foram meses com a ajuda de cadeira de rodas e andador. Ela começou a perder peso.

Durante a noite quente do dia 27 de fevereiro de 2003, Hilda, sentindo calor, tirou a camiseta enquanto dormia, jogando-a no chão, ao lado da cama. Passara-se cerca de um ano da cirurgia; ela já caminhava com mais facilidade. Quando se levantou, pisou na camiseta e escorregou. Fraturou o fêmur.

Ela foi operada novamente – e apresentou os mesmos problemas: com poucas áreas saudáveis no pulmão, a recuperação foi lenta. Mora Fuentes e o caseiro Chico começaram a ajudá-la nas atividades mais cotidianas, como ir ao banheiro e tomar banho. Ela se recusou, mais uma vez, a frequentar a fisioterapia.

O quadro se agravou. As crises de falta de ar tornaram-se mais intensas. As gripes e as infecções pulmonares, mais frequentes. Hilda se alimentava cada vez pior. À habitual falta de vontade somaram-se problemas dentários e a dificuldade de adaptação às próteses.

Por mais que a amiga e vizinha Inês Parada preparasse cafés da manhã com frutas, pães e queijos, Hilda tomava apenas suco – ela gostava dos que tinham soja. Quando os amigos se juntavam na casa para cozinhar algo especial, tentando incentivá-la, ela só ingeria caldos. Mora, Inês, Olga e Chico decidiram, então, caprichar nas sobremesas. Uma das preferidas da escritora era pudim pronto, de copinho, com *chantilly* ou creme de chocolate.

Os amigos compraram uma balança, e Hilda era pesada constantemente. Se em dez dias ela engordasse 100 gramas, todos comemoravam. Mas logo vinha uma gripe, que lhe roubava 300 gramas.

Cinco minutos antes do ano de 2004, Mora Fuentes foi ao quarto de Hilda, onde ela estava deitada. Na Casa do Sol, comemoravam o *réveillon* o escritor, Olga, Daniel, filho do casal, e sua namorada à época. O amigo queria saber se Hilda estava bem. Mais uma vez, ela sentia dificuldade para falar e o lado esquerdo de seu corpo estava dormente. Assustado, Mora tentou acalmar à amiga e a si mesmo:

— Hilda, seja o que for, já aconteceu. Antes de te levar pro hospital, vamos brindar à passagem do ano.

Mora Fuentes chamou todos ao quarto. Com copos de Coca-Cola, fizeram o brinde. Os fogos ainda estouravam quando Hilda foi colocada no carro. No hospital da Unicamp, os plantonistas já haviam sido avisados de que ela estava a caminho – Mora telefonara para Pinotti. O atendimento inicial foi para um acidente vascular cerebral. Mas uma enfermeira, observando a cor avermelhada de Hilda, falou:

— Pode ser uma infecção urinária. Nessa idade, é comum o paciente apresentar esses sintomas.

Mora Fuentes pensou que a enfermeira deveria ser louca. Mas os exames realizados nas quatro horas seguintes mostraram que ela estava certa. Às 15 horas, Hilda teve alta. Só precisaria tomar antibióticos.

Todos chegaram cantando à Casa do Sol. A tarde estava ensolarada e o céu, limpo. E, ainda que tivesse dificuldade para andar, Hilda se sentia bem. Todos estavam cansados, especialmente ela – que pediu para ser levada ao quarto. Quando se deitou na cama, mudou de ideia; quis ir para a sala. Mora Fuentes segurava a amiga, apoiada também no andador. Olga arrastava as pernas dela.

À noite, quando todos estavam acordados, Hilda quis se deitar. O amigo foi com ela.

— Sapo, você não quer deitar comigo?

— Nossa, que convite ótimo!

Ele, então, deitou-se na cama ao lado, colocada permanentemente no quarto de Hilda para que ela não dormisse mais sozinha (apesar de contar com os cuidados de uma enfermeira desde seu primeiro AVC, a escritora preferia sempre a companhia de um de seus amigos, geralmente Mora ou Chico). Ao redor da cama, haviam sido colocados móveis, que funcionavam como barreiras. Eles adormeceram.

De repente, os cachorros ficaram agitados, entrando e saindo da casa o tempo todo. Rodeavam a sala. Quando a namorada de Daniel se levantou para ver o que estava acontecendo, Hilda estava caída no chão. Provavelmente, saíra da cama arrastando-se até o pé, o único espaço livre. Como não queria incomodar o amigo, cansado por ter passado a noite no hospital, levantou-se sozinha.

Ao ser acordado, Mora Fuentes ficou furioso com a amiga:

— Hilda, por que você não me chamou?!

Chamaram a ambulância. Menos de doze horas depois da primeira alta, estavam de volta ao Hospital das Clínicas. Hilda havia, mais uma vez, quebrado o osso do fêmur. Como ela estava com osteoporose, não se sabe se a queda provocou a quebra ou se o osso, enfraquecido, se quebrou, e então ela caiu. Encontraram médicos que haviam feito o atendimento horas antes. Eles perguntavam, sem entender:

— O que vocês estão fazendo aqui? Ela não teve alta?

Hilda passou por uma nova cirurgia, e colocou uma segunda prótese. Como das outras vezes, teve problemas para voltar da anestesia. Embora os médicos estivessem otimistas, Hilda não se recuperava. Teve de passar por uma traqueostomia. Ficou todo o mês de janeiro no tratamento intensivo, quase sempre inconsciente.

Um dia, quando havia apenas enfermeiras no quarto, Hilda acordou, e conseguiu, com muita dificuldade, falar. Logo, pediu um cigarro. Os prognósticos médicos melhoravam, a cânula da traqueostomia foi retirada e os amigos se sentiam esperançosos. Chico e Mora decidiram arrumar o quarto de Hilda para recebê-la de volta. Fizeram até caiação nas paredes, uma espécie de pintura porosa com cal.

Em uma tarde no meio de janeiro, Mora Fuentes passou no hospital para visitá-la. Ela estava consciente, mas, como não conseguia falar, ele pediu que fizesse sinais:

— Hilda, você está me vendo? Se estiver, pisca o olho esquerdo.

Ela piscou. Mas ele, com medo de se entusiasmar com um movimento involuntário, repetia:

— Hilda, se você está, pisca o olho esquerdo e depois o direito.

A amiga respondeu, movimentando-se da forma que Mora pedia: primeiro, piscou o olho esquerdo e depois, o direito.

Insatisfeito, ele insistiu:

— Hilda, se você está se mexendo porque eu estou falando, pisca duas vezes o olho direito e uma vez o esquerdo.

Ela fez o que ele pediu. Quando o amigo ia inventar mais uma combinação, foi interrompido por Hilda, que se irritara. Com a mão, formou o gesto "no cu". Ao contrário de muitas pessoas que poderiam reagir mal, Mora Fuentes viu nesse sinal a melhor expressão de que sua amiga permanecia ali. Ficou animadíssimo.

No dia seguinte, em nova visita, Mora foi avisado de que ela não estava bem. O recado foi dado por um médico que ele nunca havia visto. Ele, então, pensou:

— Ele deve estar dizendo isso porque não conhece o histórico dela.

Contudo, ao chegar à UTI, ele viu. Os respiradores haviam sido recolocados. Hilda estava sedada: se engasgara com a própria saliva na noite anterior. O retrocesso havia sido grande. Ela teria, em seguida, febre. Era o início de uma infecção generalizada. Mora voltou à Casa do Sol chorando, como que se despedindo da amiga. Alguns dias depois, na madrugada do dia 4 de fevereiro, o telefone da Casa do Sol tocou, com a notícia de que Hilda Hilst falecera.

Hilda sempre se perguntou o que diria na hora de sua morte, já que, segundo ela, os melhores escritores deixavam frases grandiloquentes. Atormentava-se, por vezes, pensando em algo memorável para declarar em sua despedida. Mas, inconsciente, não pôde nem dizer o que – decepcionada com sua falta de criatividade – sempre imaginara como última opção:

— Que maçada!

POSFÁCIO

HILDA, VOCÊ ESTÁ ME OUVINDO?

 Este livro traz um panorama da vida da escritora desde seu nascimento e a história de sua família, em Jaú, até sua morte, na Casa do Sol, em 2004, mas não se pretende completo – os episódios aqui narrados, em ordem cronológica, permitem um vislumbre da personalidade e da história de vida de Hilda Hilst. Seria possível pensar que procura retratar a pessoa por trás da escritora, se, em Hilda, essas duas facetas não fossem – justamente pela consciência com que construía sua imagem – a mesma coisa.
 A figura de Hilda Hilst tem um poder tão grande de atração que, uma vez em contato com seu universo, o leitor dificilmente se distancia dele. Conosco, não foi diferente: éramos ainda estudantes de jornalismo quando nos deixamos impressionar pelas matérias publicadas na ocasião da morte da escritora, em 2004. Quem seria aquela mulher, conhecida por viver isolada em uma chácara e rodeada por dezenas de cães?

Nossa pesquisa nasceu do desejo de desvendar essa figura excêntrica, sobre quem havia tantas histórias a narrar, e se fez de muitas descobertas. Em primeiro lugar, de que havia, sim, muito para contar, e que Hilst, como personagem, era acima de tudo uma escritora com plena consciência de como se construía não apenas pública, mas literariamente. Foi por isso que deixou uma vida social intensa em São Paulo para se dedicar a seus livros na Casa do Sol, propriedade que construiu em Campinas nos anos 1960.

A caminhada da ideia inicial à escrita durou dois anos, começando logo depois da morte da escritora. Fizemos cerca de quarenta entrevistas – com várias pessoas, conversamos mais de uma vez. O início se deu com a leitura de reportagens e contatos com fontes-chave, que geraram uma lista de possíveis entrevistados. A primeira dessas fontes foi o herdeiro de Hilda e um de seus melhores amigos, o escritor José Luís Mora Fuentes. Em março de 2005, data de nossa primeira entrevista com o escritor (seriam inúmeras até o fim do trabalho), conhecemos pela primeira vez a Casa do Sol, onde Hilda residiu durante a maior parte de sua vida.

Sob a grande figueira existente no local, o amigo de Hilda nos contou como se conheceram, a história da Casa do Sol, a convivência com outros amigos e outras histórias que a escritora não se cansava de relatar aos mais próximos.

Era um sábado à tarde. Pela porta de entrada (o fim de um longo caminho entre árvores, que vinha desde o portão da casa), passavam cerca de 20 cachorros inquietos e um vento leve. Uma placa no portão da casa nos dava alguma ideia do bom humor da antiga moradora: "Cuidado: Cão antissocial". Mora Fuentes colocou para tocar uma versão inicial do CD *Ode descontínua e remota para flauta e oboé* – naquela altura, um demo enviado por Zeca Baleiro, que o havia composto a partir de poemas de Hilda Hilst.

Comparando a conversa inicial com Mora Fuentes e o material reunido até então, percebemos haver um estereótipo de Hilda Hilst, perpetuado pela imprensa, que não correspondia à visão de alguém próximo. Dos episódios inusitados (e, justamente por isso, explorados pelos jornalistas), a maioria era real, mas poucas reportagens e entrevistas corroboravam o que percebemos ao longo do trabalho: a trajetória de Hilda Hilst é quase religiosa. Essa mulher que, tocada pela leitura, renuncia à sua vida social na cidade de São Paulo, isolando-se em uma chácara para que, próxima à terra, possa dar continuidade à sua obra merecia, em nossa visão, muito mais do que o reconhecimento como escritora pornográfica – enfoque que, a partir dos anos 1990, prevaleceu no retrato da autora feito pela imprensa.

O depoimento de pessoas que conviveram com Hilda em diferentes momentos de sua vida forneceu a contrapartida desse retrato, com testemunhos que relativizam a imagem da "santa desregrada". É em seus palavrões, em suas queixas quanto à falta de dinheiro, em suas atitudes de menina apaixonada por um rapaz que ela se torna próxima de cada um de nós. Sem esses elementos, este perfil não seria plausível.

Travamos contato com fontes valiosas: familiares de Apolônio Hilst (o pai) e Bedecilda Vaz Cardoso (a mãe) – incluindo o irmão, Ruy Vaz Cardoso, morto recentemente –; Dante Casarini, ex-marido de Hilda; amigos, editores, ex-namorados. Dentre outros depoimentos importantes, destacam-se aqueles dados por figuras muito próximas a ela e, hoje, falecidas, como o editor Massao Ohno; o também amigo e jornalista J. Toledo; o músico Almeida Prado, primo de Hilda; além de José Luiz Mora Fuentes.

Cada história que ouvimos foi checada com várias fontes que, segundo os relatos, estavam presentes durante o acontecimento narrado. É por isso que, nas histórias, não se identifica quem está contando (embora, por vezes, seja possível inferi-lo): muitas delas foram lembradas por pessoas diversas e, aqui, reconstruídas com os diálogos como nos foram relatados. Também recorremos a diversas fontes noticiosas e entrevistas dadas por Hilda durante sua vida, todas listadas em ordem alfabética na seção Bibliografia, cobrindo um período de 1949 a 2006. Como a escritora havia morrido um ano antes de iniciarmos nossas pesquisas, suas entrevistas forneceram as declarações que entram neste livro em formato de aspas.

Realizamos inúmeras visitas à Casa do Sol, antes da criação do Instituto Hilda Hilst, e ao arquivo de Hilda Hilst no Centro de Documentação Alexandre Eulálio, da Unicamp – à época, a universidade estava iniciando a organização do acervo da escritora, adquirido pouco antes. Lá, vasculhamos seus diários e cadernos de anotações, que fornecem informações fundamentais para os episódios narrados em *Eu e não outra*. Fizemos, ainda, uma viagem a Jaú, sua cidade natal, reunindo elementos como certidões de nascimento, histórias sobre a família Almeida Prado, escrituras de fazenda.

Para a publicação, o livro foi revisto e atualizado, tendo em vista especialmente a repercussão que Hilda Hilst e sua obra ganharam desde então. Parte da escrita foi reformulada e algumas correções pontuais foram feitas. Escrevendo em 2006, tomamos uma decisão deliberada: ainda que o interesse pela biografia de Hilda Hilst tenha como lastro o papel que a escritora ocupa na literatura brasileira, não discutiríamos seus livros. A produção e o lançamento de títulos permeiam esta narrativa apenas na medida em que representam episódios importantes na trajetória de Hilda, delineando sua personalidade ou marcando momentos importantes. Isso se mostra de forma mais clara em alguns momentos, como no início de sua notoriedade como poeta, na década de 1950, e na decisão de publicar a tetralogia obscena, na década de 1990.

Quando concluímos a primeira versão deste livro, algo grande estava acontecendo: as obras completas de Hilda Hilst estavam sendo publicadas por uma editora de maior porte, algo que ela almejara durante muito tempo. Era o início de um caminho, há doze anos, que a levaria a um status de escritora não apenas admirada, mas cultuada. Hilda começava a entrar no *mainstream*, embora mantivesse certa aura marginal. Sua obra completa, organizada e prefaciada por Alcir Pécora, devolveu às prateleiras títulos que, até então, estavam esgotados e permitiu que ela fosse conhecida por uma nova geração.

Uma década depois, com a figura de Hilda como grande escritora já estabelecida, as mudanças editoriais na publicação de sua obra, e o fato de ela finalmente ter conquistado a homenagem na maior festa literária do país, Hilda Hilst alcança a exposição por que tanto ansiou. Esperamos que este livro contribua para que ela seja conhecida também em sua face mais íntima. Ao fim, a personagem revela-se intensa e ousada, como a conhece a maioria de seus leitores, mas, também, profundamente humana, em suas fragilidades, seus questionamentos e suas relações.

BIBLIOGRAFIA

Obras completas de Hilda Hilst

Poesia

HILST, Hilda. *Balada de Alzira*. São Paulo: Edições Alarico, 1951.
_____. *Balada do festival*. Rio de Janeiro: Jornal de Letras, 1955.
_____. *Baladas*. São Paulo: Globo, 2003.
_____. *Bufólicas*. São Paulo: Globo, 2002.
_____. *Bufólicas*. São Paulo: Massao Ohno, 1992.
_____. *Cantares de perda e predileção*. São Paulo: Massao Ohno/M. Lídia Pires e Albuquerque Editores, 1980.
_____. *Cantares do sem nome e de partidas*. São Paulo: Massao Ohno, 1995.
_____. *Cantares*. São Paulo: Globo, 2002.
_____. *Da morte. Odes mínimas*. São Paulo: Globo, 2003.

_____. *Da morte. Odes mínimas*. São Paulo: Massao Ohno, Roswitha Kempf, 1980.
_____. *Da poesia*. São Paulo: Companhia das Letras, 2017.
_____. *Do amor*. São Paulo: Edith Arnhold/Massao Ohno, 1999.
_____. *Do desejo*. São Paulo: Globo: 2004.
_____. *Do desejo*. São Paulo: Pontes, 1992.
_____. *Exercícios*. São Paulo: Globo, 2002.
_____. *Júbilo, memória, noviciado da paixão*. São Paulo: Globo, 2001.
_____. *Júbilo, memória, noviciado da paixão*. São Paulo: Massao Ohno, 1974.
_____. *Poemas malditos, gozosos e devotos*. São Paulo: Globo, 2005.
_____. *Poemas malditos, gozosos e devotos*. São Paulo: Massao Ohno/Ismael Guarnelli Editores, 1984.
_____. *Trovas de muito amor para um amado senhor*. São Paulo: Anhambi, 1959.

Prosa

HILST, Hilda. *A obscena senhora D*. São Paulo: Globo, 2001.
_____. *A obscena senhora D*. São Paulo: Massao Ohno, 1982.
_____. *Cartas de um sedutor*. São Paulo: Globo, 2002.
_____. *Cartas de um sedutor*. São Paulo: Paulicéia, 1991.
_____. *Cascos & carícias e outras crônicas*. São Paulo: Globo, 2007.
_____. *Cascos & carícias: crônicas reunidas*. São Paulo: Nanquim, 2000.
_____. *Com meus olhos de cão e outras novelas*. São Paulo: Brasiliense, 1986.
_____. *Com os meus olhos de cão*. São Paulo: Globo, 2006.
_____. *Contos d'escárnio. Textos grotescos*. São Paulo: Globo, 2002.
_____. *Contos d'escárnio/Textos grotescos*. São Paulo: Siciliano, 1990.
_____. *Da prosa*. São Paulo: Companhia das Letras, 2018.
_____. *Estar sendo. Ter sido*. São Paulo: Globo, 2006.
_____. *Estar sendo. Ter sido*. São Paulo: Nankin, 1997.
_____. *Fluxo-floema*. São Paulo: Perspectiva, 1970.
_____. *Fluxo-floema*. São Paulo: Globo, 2003.
_____. *Kadosh*. São Paulo: Globo, 2002.
_____. *O caderno rosa de Lori Lamby*. São Paulo: Globo, 2005.
_____. *O caderno rosa de Lori Lamby*. São Paulo: Massao Ohno, 1990.
_____. *Pornô chic*. São Paulo: Biblioteca Azul, 2014.
_____. *Qadós*. São Paulo: Edart, 1973.

_____. *Rútilo nada*. Campinas: Pontes 1993.
_____. *Rútilos*. São Paulo: Globo, 2003.
_____. *Tu não te moves de ti*. São Paulo: Cultura, 1980.
_____. *Tu não te moves de ti*. São Paulo: Globo, 2004.

Teatro

HILST, Hilda. *Teatro reunido – vol. I*. São Paulo: Nanquim, 2002.
_____. *Teatro completo*. São Paulo: Globo, 2008.

Livros e teses

CADERNOS de Literatura Brasileira. *Hilda Hilst*. Instituto Moreira Sales: São Paulo, out. 1999. nº 8.
CASTELLO, José. *Vinicius de Moraes, o poeta da paixão. Uma biografia*. São Paulo: Companhia das Letras, 1994 (pp. 298-300).
DINIZ, Cristiano (org.). *Fico besta quando me entendem – entrevistas com Hilda Hilst*. São Paulo: Globo, 2013.
GRANDO, Cristiane. *Amavisse de Hilda Hilst: edição genética e crítica*. São Paulo: FFLCH-USP, 1998 (dissertação de mestrado).
MORICONI, Ítalo (org.). *Cartas: Caio Fernando Abreu*. Rio de Janeiro: Aeroplano, 2002.

Jornais e revistas

[CACALO], O melhor da poesia e ficção de Hilda Hilst. Em Cinco livros. *Diário do Povo*, Campinas, 5 jun. 1984. p.3.
[HILDA Hilst responde]. *Folha de S.Paulo*, São Paulo, 15 nov. 1992. Revista da Folha, Correio.
[O CONVITE foi para um coquetel e para um encontro com os "bigs" da poesia que poriam autógrafos em LP e em livros. s.c.p., s.l.], 1955.

"O RATO no muro". *Gazeta do Paraná*, Cascavel, 19 mar. 1994.
A MÁGICA verbal de Hilda Hilst, num pequeno volume chamado Qadós. *O Estado de S. Paulo*, São Paulo, 3 jul. 1973.
A OBRA da poetisa dramaturga Hilda Hilst. *O Impacto*, [s.l.], 07 jan. 1990, p. 14.
A POETISA Hilda Hilst está hospitalizada. *O Estado de S. Paulo*. São Paulo, 3 mar. 2003.
ABREU, Caio Fernando. Um pouco acima do insensato mundo. *Leia*, [São Paulo], fev. 1986.
_____. Deus pode ser um flamejante sorvete de cereja. *Leia*, [São Paulo], jan. 1987. Entrevista.
ANCHIETA é de Hilda Hilst. *O Estado de S. Paulo*, [São Paulo], 12 nov. 1969.
ANGIOLILLO, Francesca. Zeca Baleiro busca voz e música para os versos de amor de Hilda Hilst. *Folha de S.Paulo*. São Paulo, 25 abr. 2001.
APRESENTAÇÃO. *Correio Paulistano*, [s.l.] 31 mar. 1957. Suplemento Dominical.
ARAÚJO, C. e FRANCISCO, S. Nossa mais sublime galáxia. Revoltada com o descaso, Hilda Hilst, a maior escritora viva em língua portuguesa, resolve botar pra quebrar e lança um livro porno-erótico. Só tem medo que levem a sério. *Jornal de Brasília*, Brasília, 23 abr. 1989.
ASSIS, Júlio. Evento faz homenagem a Hilda Hilst. *Magazine*, Belo Horizonte, 9 set. 2002.
AUTO da Barca de Camiri. [*O Estado de S. Paulo*], 12 dez. 1987. *Jornal da Tarde*, Caderno 2.
BAIRÃO, Reynaldo. A título de anotações. *Jornal de Notícias*, [s.l.], jun. 1950. Poesia Nova.
BALADA do Festival. *O Estado de S. Paulo*, São Paulo, 2 jul. 1955.
BLUMBERG, Mechthild. Hilda Hilst: Paixão e perversão no texto feminino. *D.O. Leitura*, [s.l.], maio/2003.
BOJUNGA, Cláudio. Quatro conversas com o Ministério Hilda Hilst. *Jornal da Tarde*, 24 jun. 1972.
BRASIL, Ubiratan. Escritora revela um fascínio pela imortalidade. *O Estado de S. Paulo*. São Paulo, 20 out. 2001.
_____. Uma viagem pelas palavras de Hilda Hilst. *O Estado de S. Paulo*. São Paulo, 27 jul. 2002.
_____. Viagem pelo caminho de palavras de Hilda Hilst. *O Estado de S. Paulo*. São Paulo, 5 dez. 2000.
CADA pessoa tem três caras. Hilda Hilst prefere a do meio. *Jornal de Hoje*, Campinas, 18 nov. 1979, p. 109.

CAFIERO, Carlota. O primeiro encontro. *Correio Popular*, Campinas, 09 jun. 2001. Caderno C.
CAMARGO, JC. A sobranceria de Hilda Hilst. *Diário do Povo*, São Paulo, 4 abr. 1982.
CAMBARÁ, Isa. O traço dos escritores. *Jornal da Tarde*, 16 ago. 1988.
CASACAS ao som de "Fascination". *Última Hora*, [s.l.], 18 jun. 1959. p.2.
CASTELLO, José. Hilda Hilst troca "pôrno" por erotismo. *O Estado de S. Paulo*, São Paulo, 22 jun. 1992. Caderno 2.
_____. Potlatch, a maldição de Hilda Hilst. *O Estado de S. Paulo*, São Paulo, 30 out. 1994. Especial Domingo, Literatura. Republicada em DINIZ, Cristiano (org.). *Fico besta quando me entendem – entrevistas com Hilda Hilst*. São Paulo: Globo, 2013.
CAVALHEIRO, E. Poetas e poesia. *Jornal de Notícias*, São Paulo, 1950.
CHAGAS, Luiz. Brinde ao talento. *IstoÉ Online*. São Paulo, 8 mar. 2002.
CHRISTINA. Almoço com duas poetisas. [s.n., s.l.,1958].
CHUECCO, Fátima. Sonho antigo. *Correio Popular*, Campinas, 11 set. 1993.
CICACCIO, Ana Maria. Apontamentos de artistas na Livraria Belas Artes. *Jornal da Tarde*, São Paulo, 17 maio 1993. Exposição, Caderno de Anotações.
_____. Hilda Hilst, porque a palavra é fé. *O Estado de S. Paulo*, 27 maio 1984.
_____. Novembro, mês fértil para Hilda Hilst. *Jornal da Tarde*, São Paulo, 13 out. 1989.
COELHO, Nelson. Nota sobre a temática de "Balada do Festival". *Correio Paulistano*, [São Paulo], 27 nov. 1955.
COLI, Jorge. A fada e as palavras. *Folha de S.Paulo*, São Paulo, 17 dez. 2000.
COMERAM meus sufixos. (Entrevista a Léo Gilson Ribeiro.) *O Estado de S. Paulo*, 1980. Disponível em: <http://www.hildahilst.com.br/blog/comeram-os-meus-sufixos-hilda-hilst-e-a-politica>. Acesso em: 08 maio 2018.
CONTES sarcastiques, par Hilda Hist. *Le Vif-L'Express*, Bélgica, 7 out. 1994.
CONVERSA com a jovem poetisa Hilda Hilst. *Jornal de Letras*, São Paulo, jul. 1954, p. 10.
CORTANZE, Gerard de. Trois siècles de poésie. *Magazine litteraire*, Paris, março 1998.
DEVE a mulher ter os mesmos direitos do homem? *Última Hora*, [s.l.], 2 abr. 1959, p.3.
DO LIVRO de Hilda Hilst ao palco: Maria Matamoros. *Jornal da Tarde*, [s.l.], 28 ago. 1991.
DOIS contos de Hilda Hilst. Eróticos – Vídeo Especial, [s.l., out.? 1991].
DOIS poetas paulistas. *Correio da Manhã*, São Paulo, 1950.

DUNDER, Karla. Obra de Hilda Hilst ganha Portugal. *O Estado de S. Paulo*. São Paulo, 6 jun. 2004.
É DIFÍCIL o ator arar na terra dos poetas. *Folha de S.Paulo*, São Paulo, 18 maio 1978. Ilustrada.
EAD foi à rua no festival. *Folha de S.Paulo*, [São Paulo], 20 out. 1969, p. 11.
ECLATS de la chair. *L'Arpenteur*, [s.l.], 22 set. 1994.
ENEIDA. Primavera: Duas poetisas. *Diário de Notícias*, Rio de Janeiro, 24 set. 1960. Encontro Matinal.
E O QUE foi a vida. Itaú Cultural, São Paulo. Disponível em: <http://www.itaucultural.org.br/ocupacao/hilda-hilst/e-o-que-foi-a-vida/>. Acesso em: 08 maio 2018.
ERCILIA, Maria. Uma mulher de leitura fácil. *Revista D*, [s.l.], C1 set. 1991.
ESCRITORA está consciente após cirurgia, diz Unicamp. *Folha Online*. São Paulo, 15 abr. 2002.
ESCRITORA Hilda Hilst morre aos 73 anos. *Commercio do Jahu*. Jaú, 5 fev. 2004.
FAERMAN, Marcos. Ecos do modernismo no interior. *Jornal da Tarde*, [São Paulo], 14 nov. 1991.
FARIA, Álvaro Alves de. Hilda Hilst, o silêncio estrondoso. *Caros Amigos*. São Paulo, dez. 1998.
FELIPPE, Cristiana. Ode a Hilda. [*Correio Popular*, Campinas, dez. 2000].
FERRAZ, Geraldo. A margem dos livros. *A Tribuna*, Santos, 1950.
FIDALGO, Janaína. Hilst emerge do encontro de seus pares. *Folha de S.Paulo*. São Paulo, 8 mar. 2005. Ilustrada/Acontece.
FILHO, Antonio Gonçalves. A nova literatura das mulheres do século 21. *O Estado de S. Paulo*. São Paulo, 30 maio 2004.
FIORILLO, Marília Pacheco. Para refletir. *Veja*, São Paulo, 16 abr. 1980.
FONSECA, Kátia. Burocracia impede solução do caso Hilda Hilst. *Correio Popular*, Campinas, 11 jul. 1998. Caderno C.
_____. Hilda Hilst e o "caso Kafka". *Correio Popular*, Campinas, 20 maio 1998. Caderno C.
_____. O fim do caso Hilda. *Correio Popular*, Campinas, 27 jun. 1998. Caderno C.
_____. Uma dívida impossível. *Correio Popular*, Campinas, 17 maio 1998.
FORNER, Valéria. A santa desregrada. *Revista Correio Popular*, Campinas, 04 maio 1997. Entrevista.
FREITAS, Ana Maria. Hilda Hilst faz do erotismo o seu protesto. *Shopping News*. São Paulo, [1990].
FURIA, Maria Luiza Mendes. Hilda e seus personagens não param de pensar. *O Estado de S. Paulo*. São Paulo, 31 maio 1997. Caderno 2.

_____. O calmo talento de Hilda Hilst. *O Estado de S. Paulo*, São Paulo, 13 fev. 1986.

FUSER, Fausto. Carta a Hilda Hilst. *Folha de S.Paulo*, São Paulo, 27 jun.1973.

GARCIA, Lauro Lisboa. Zeca veste Hilda de belas melodias. *O Estado de S. Paulo*, 27 mar. 2006. Caderno 2.

GLOBO publicará obra completa de Hilda Hilst. *Folha de S.Paulo*. São Paulo, 21 jul. 2001.

GUEVARA está no palco. [*Folha de S.Paulo*]. São Paulo, 29 nov. 1987.

GUSIK, Alberto. Faltou brilho e ousadia. O Aplicado merecia mais. *Jornal da Tarde*, 17 dez. 1987. Divirta-se, Teatro / Crítica.

HELENA, Regina. Hilda Hilst: suas peças vão acontecer. *Correio Popular*, Campinas, [1969], p. 10. Republicada em DINIZ, Cristiano (org.). *Fico besta quando me entendem – entrevistas com Hilda Hilst*. São Paulo: Globo, 2013.

HILDA Hilst cai e fratura perna em Campinas. *O Estado de S. Paulo*. São Paulo, 4 jan. 2004.

HILDA Hilst e a fogueira. *Correio Popular*, Campinas, 26 ago. 1997. Arquivo Campinas.

HILDA Hilst hoje em antologia. *O Estado de S. Paulo*, São Paulo, 13 dez. 1967.

HILDA HILST tem alta após cirurgia no fêmur. *O Estado de S. Paulo*. São Paulo, 8 mar. 2003.

HILDA Hilst, essa poetisa sensível e delicada, foi homenageada no "chicote", [s.l.] 1955.

HILDA Hilst, o erotismo, a santidade. *O Estado de S. Paulo*. São Paulo, 13 fev. 2004.

HILDA Hilst, uma anarquista pós-moderna. *O Estado de S. Paulo*. São Paulo, 7 fev. 2004.

HILDA Hilst. Hoje ela vai lançar um novo livro. Poesias de quem sente uma necessidade incontida de reencontrar o amor. [*Folha de S.Paulo*, São Paulo, 23 abr. 1974. *Jornal da Tarde*.]

HILDA Hilst: Uma obra onde todas as emoções são levadas ao extremo. *O Estado de S. Paulo*, [São Paulo], 24 nov. 1982.

HILDA, Hilst recebe um chamego do ator José Mayer. *Correio Popular*, 20 out.1993.

HOLANDA, Sérgio Buarque de. O fruto proibido. *Folha da Manhã*, São Paulo, 2 set. 1952.

HOMENAGEM. *O Estado de S. Paulo*, São Paulo, 2 jul. 1955.

J., O. SONATA interior. *Veja*, São Paulo, 5 jan. 1983.

JORGE, D. O poeta Hilda Hilst. *Última Hora*, São Paulo, 30 jan. 1961.

JORGE, Fernando. Hilda Hilst e a poesia. *Jornal de Notícias*, São Paulo, 25 set. 1949.
JÚNIOR, Reali. Franceses vibram com Hilda Hilst, a "mãe dos sarcasmos". *O Estado de S. Paulo*, São Paulo, 08 dez. 1994. Literatura.
KOSTAKIS, Alik. Hilda e Lygia arrasam uma velha teoria: nem sempre talento e beleza são incompatíveis. *Última Hora*, São Paulo, 20 mar. 1959, p. 2.
LAGOEIRO, J. Registo. *Diário de Lisboa*, [Lisboa], 12 nov. 1959. Autores.
LÍSIAS, Ricardo. Pécora reage contra literatura comercial. *O Estado de S. Paulo*. São Paulo, 9 jul. 2003.
LORET, Eric. La cochonnehilstérique: Hilda Hilst ne tient que par un fil à Dieu, Bataille et la cochonnerie. Deux nouvelles de la Brésilienne disjonctée. *Liberátion*, Paris. 17 abr. 1997
M, L. Visita da poesia. *O Estado de S. Paulo*, São Paulo, 17 maio 1960.
MACHADO, Cassiano Elek. "A loucura une toda minha obra". *Folha de S.Paulo*. S. Paulo, 12 jan. 2002. Ilustrada.
_____. Entrelinhas: a paixão segundo HH. *Folha de S.Paulo*. São Paulo, 7 fev. 2004.
_____. Morre a explosiva poeta Hilda Hilst. *Folha de S.Paulo*. São Paulo, 5 fev. 2004. Ilustrada.
MARIA, Carlos. Hilda Hilst, o mar e a poesia. *Diário da Noite*, São Paulo, 1957.
MARIA, Cleusa. A verdade extrema de Hilda. *Jornal do Brasil*, Rio de Janeiro, 17 set. 1982.
MARTINS, Wilson. Poesia literária. [s.c.p.], [s.l.], 27 jan. 1962.
MASCARO, Sônia de Amorim. Hilda Hilst. *O Estado de S. Paulo*, São Paulo, 21 jun. 1986. *Jornal da Tarde*, Caderno de Programas e Leituras, p. 05.
MEDEIROS, Gutemberg. Hilda Hilst contrata a publicação do erótico "Lori Lamby" na Itália. *Diário do Povo*, Campinas, 14 nov. 1991. Viver
MENEZES, Cynara. São Paulo vê obsessões da poeta Hilda Hilst. *Folha de S.Paulo*, São Paulo, 5 dez. 2000.
MILLIET, Sérgio. A propósito de uma trovadora. *O Estado de S. Paulo*, São Paulo, 5 out. 1960.
MONTAGEM da peça inédita de Hilda Hilst tem estreia hoje. *Folha de S.Paulo*, São Paulo, 08 ago. 1991. SP Sudeste
NASCIMENTO, Paulo César do. Artista residente: o criar e conviver na universidade. *O Estado de S. Paulo*, São Paulo, 23 abr. 1985.
NETO, Juvenal et al. Hilda Hilst: fragmentos de uma entrevista. *Pirâmide – Revista de Vanguarda, Cultura e Arte*. Faculdade de Filosofia, Letras e Ciências Humanas. USP, São Paulo, 1981. Republicada em DINIZ,

Cristiano (org.). *Fico besta quando me entendem – entrevistas com Hilda Hilst*. São Paulo: Globo, 2013.
NETTO, Cecílio Elias. A santa pornográfica. *Correio Popular*, Campinas, 07 fev. 1993. Caderno C.
NUNES, João. Escritora Hilda Hilst é desligada da Unicamp. *O Estado de S. Paulo*. São Paulo, 13 mar. 2001.
O ÊXTASE da Senhora H. [s.n., s.l.], 30 dez. 2002.
OLIVEIRA, Moacyr Felix de. Balada do Festival. *Jornal de Letras*, Rio de Janeiro, jul. 1955.
OLIVEIRA, Roberta. Teatro tem um brasilianista. *Jornal do Brasil*, Rio de Janeiro, 27 jul. 1997.
PACHECO, Mattos. Duas homenagens – Uma viagem – Um amigo chegou de viagem. *Diário da Noite*, São Paulo, 1955.
PADILHA: inspiração na obra de Hilda Hilst. *Correio Popular*, Campinas, 3 jan. 1987.
PALESTRA com Hilda Hilst. *Jornal de Letras*, São Paulo, fev. 1952. Republicada em DINIZ, Cristiano (org.). *Fico besta quando me entendem – entrevistas com Hilda Hilst*. São Paulo: Globo, 2013.
PARA FESTEJAR a musa-poetisa. [s.c.p., s.l.], 1955.
PASCOWITCH, N. Feras radicais. *O Capital*, [s.l.], nov. 1993, p. 7.
PATI, Melo. Uma poetisa no seu segundo livro. *Tribuna Acadêmica*, Rio de Janeiro, 1952.
PEÇA supera crise no teatro e atrai público. *O Estado de S. Paulo*, São Paulo, 10 jun. 1973.
PEDRA, Nello. Hilda, Estrela Aldebarã. *Shopping News*, São Paulo, 01 jan. 1978. Persona, p. 08. Republicada em DINIZ, Cristiano (org.). *Fico besta quando me entendem – entrevistas com Hilda Hilst*. São Paulo: Globo, 2013.
PEDROSO, B. Hilda Hilst e a poética. *O Estado de S. Paulo*, São Paulo, 5 ago. 1961.
_____. Convém amar ainda que seja por um momento. [s.c.p., s.l., 1959.]
PELLEGRINI, L. e CASTILHO, I. V Colóquio Brasileiro de Parapsicologia. *Planeta*, [São Paulo], jul. 1977.
PELLEGRINI, L. e DUBUGRAS, E. Um poeta conversa com os mortos. *Planeta*, [São Paulo], jul.1977.
PIZA, Daniel. Sinopse. *O Estado de S. Paulo*. São Paulo, 12 mar. 2006. Cultura.
POESIA 5 anos depois. *Folha da Tarde*, São Paulo, 14 jan. 1968.
PORRO, Alessandro. Hilda Hilst lança novo romance e se diz incompreendida por público e crítica. *O Globo*, Rio de Janeiro, 3 maio 1997. Prosa & Verso.

PORTELA, Fernando. O mistério das vozes paranormais. *Jornal da Tarde*, 8 fev. 1998.

PRADA, Cecília. Roteiro do Silêncio. *Problemas Brasileiros*, [s.l.], maio/jun., 2000.

PRADO, L. A. Lori Lamby, o ato político de Hilst. *O Estado de S. Paulo*, São Paulo, 14 jun. 1990. Caderno 2, Leitura, Erotismo, Polêmica, p. 4.

PRANDI, Daniela. Livro revela o futurismo dos anos 20 em Campinas. *Correio Popular*, [Campinas], 27 dez. 1991, p.13.

RECUSA e afirmação. *O Estado de S. Paulo*, [São Paulo], set. 1959. Vida Intelectual.

RELIGIÃO e criatividade, num curso de Hilda Hilst. *Correio Popular*, Campinas, 22 out. 1985.

RESISTÊNCIA de volta. *Isto É*, 30 dez. 1987. Teatro.

RIBEIRO, Léo Gilson. O vermelho da vida. *Veja*, São Paulo, 24 abr. 1974. Literatura.

_____. "Tu não te moves de ti", uma narrativa tripla de Hilda Hilst. *O Estado de S. Paulo*, São Paulo, 16 mar. 1980. Republicada em DINIZ, Cristiano (org.). *Fico besta quando me entendem – entrevistas com Hilda Hilst*. São Paulo: Globo, 2013.

_____. Hilda Hilst. *Revista Interview*, [s.l.], 1985.

_____. Livros. [*O Estado de S. Paulo*], São Paulo, 01 fev. 1968. *Jornal da Tarde*.

RODRIGUES, S. Doze personalidades femininas das mais brilhantes no ano de 1960. *Diário de São Paulo*, São Paulo, 1960. Página A, senhoras moças meninas.

ROSA, Leda. Escritora vê a crise com humor e erotismo. *Diário Popular*, São Paulo, 24 set. 1992. Revista.

ROSSO, Mauro. Morre Hilda Hilst, [s.c.p., s.l.], fev. 2004.

SALOMÃO, Marici. Teatro de Hilda Hilst começa a ser resgatado. *O Estado de S. Paulo*, São Paulo, 28 out. 2000.

SANTOS, Valmir. Peças e poemas de Hilda Hilst têm leitura dramática. *Folha de S. Paulo*. São Paulo, 16 jan. 2001.

SCALZO, Fernanda. Belas Artes abre cabine dos cinco sentidos. *Folha de S.Paulo*, São Paulo, 13 jun. 1994.

SCWARTZKOPTT, H. Hilda Hilst: Perto do coração selvagem. *Aqui*, São Paulo, 10 a 16 fev. 1971.

SILVEIRA, Alcântara. Constantes de uma poetisa. *O Estado de S. Paulo*, São Paulo, 13 jan. 1962. Suplemento Literário.

_____. Palestra com Hilda Hilst. *Jornal de Letras*, Rio de Janeiro, fev. 1952. Republicada em DINIZ, Cristiano (org.). *Fico besta quando me entendem. Entrevistas com Hilda Hilst*. São Paulo: Globo, 2014, p. 21-23.

SILVEIRA, H. As vozes de Hilda Hilst. *Folha de S.Paulo*, São Paulo, 20 mar. 1979.
_____. Hilda trova de amor. *Folha de S.Paulo*, [São Paulo], 17 set. 1960.
SIMÃO, José. Escritor lança apelo na TV: "Quero scotch". *Folha de S.Paulo*, São Paulo, 21 fev. 1992. Ilustrada, p.3.
SOBRE Hilda, Hebe, Supla e famosos. *O Estado de S. Paulo*, 26 mar. 2004.
TEIXEIRA, Vera Regina. [Hilda Hilst]. *World Literature Today*, [s.l.], 27 abr. 1988.
TELLES, Lygia Fagundes. "Balada de Alzira". *Folha da Manhã*, São Paulo, 16 mar. 1952.
_____. Balada do Festival. *Jornal de Letras*, Rio de Janeiro, set. 1955.
_____. Poesia acima de tudo. *Correio da Manhã*, Rio de Janeiro, 16 jul. 1950. Letras e Artes.
_____. Amizades são semelhantes a grandes travessias. *O Estado de S. Paulo*, 14 fev. 2004.
_____. Carta a Hilda Hilst. *O Estado de S. Paulo*, São Paulo, 19 dez. 1971. Suplemento Literário.
TORMENTAS existenciais. *O Globo*, Rio de Janeiro, 10 set. 1993.
TREZE perguntas. *São Paulo Magazine*, São Paulo, 1955.
TRIBUTO a Hilda Hilst. *O Estado de S. Paulo*, 22 maio 2004.
UM LIVRO e um pôster unindo Hilda Hilst e Lygia Fagundes Telles. *Jornal da Tarde*, [s.l.], 28 jun. 1983.
VALENÇA, Jurandy. Hilda Hilst cria personagem inesquecível. *O Estado de S. Paulo*. São Paulo, 28 de março de 1996.
VASCONCELOS, Ana Lúcia. Hilda Hilst. *D.O. Leitura*, São Paulo, 4 ago. 1985.
_____. HILDA Hilst: a poesia arrumada no caos. *Folha de S.Paulo*, São Paulo, 19 set. 1977. Ilustrada.
VIANA, Hilton. Hilda Hilst, um poema no teatro. *Diário de São Paulo*, São Paulo, 29 abr. 1973. Jornal de Domingo.
_____. Rofran, diretor e ator, fala de "O verdugo". *Diário de S.Paulo*, São Paulo, 8 abr. 1973.
VIANA, Mário. O mundo de Lygia fora dos livros. *Veja*. São Paulo, 7 dez. 1988.
WERNECK, Humberto. Hilda se despede da seriedade. *Jornal do Brasil*, Rio de Janeiro, 17 de fevereiro de 1990, no 177, pp.6-7. Ideias/Livros.

CRÉDITO DAS IMAGENS

Foto de capa – Fernando Lemos/ Hilda em São Paulo no início da década de 1950.

Págs. 2 e 3 – Acervo pessoal/ Instituto Hilda Hilst

Pág. 6 - Lalo de Almeida/ Folhapress – Hilda na entrada da Casa do Sol, nos anos 1990.

Pág. 9 – Acervo pessoal/ Instituto Hilda Hilst/ Hilda, ainda criança, na década de 1940.

Pág. 10 – Acervo pessoal/ Instituto Hilda Hilst / Hilda em meados da década de 1960, em frente ao portão da Casa do Sol.

Págs 14 e 15 – Centro de Documentação Alexandre Eulálio/ Universidade de Campinas (Unicamp) – Hilda em Biarritz, aos 27 anos.

Pág. 18 – Centro de Documentação Alexandre Eulálio/Unicamp – Bedecilda Cardoso e Apolônio de Almeida.

Pág. 36 – Acervo pessoal/ Instituto Hilda Hilst – Hilda e Lygia Fagundes Telles em São Paulo, 1950.

Págs. 58 e 59 – Acervo pessoal/ Instituto Hilda Hilst – Hilda com João Ricardo Penteado e amigos, São Paulo, início da década de 1960.

Pág. 70 – Acervo pessoal/ Instituto Hilda Hilst – Hilda e Dante Casarini em Campinas, segunda metade da década de 1960.

Págs 96 e 97 – Centro de Documentação Alexandre Eulálio/ Unicamp – Da esquerda para a direita: em pé, Caio Fernando Abreu e Dante Casarini, Hilda e Mora Fuentes; sentados, Lygia Fagundes Telles, Roberto Cardoso e, de vestido estampado, Olga Bilenky.

Pág. 112 – Acervo pessoal/ Instituto Hilda Hilst – Hilda com seu gravador na Casa do Sol, década de 1970.

Pág. 126 – Acervo pessoal/ Instituto Hilda Hilst – Hilda com Wilson Hilst na Casa do Sol, 1980.

Págs. 138 e 139 – Acervo pessoal/ Instituto Hilda Hilst.

Págs 158 e 150 – Acervo pessoal/ Instituto Hilda Hilst – Hilda e Massao Ohno na década de 1980.

Pág. 172 – Centro de Documentação Alexandre Eulálio/ Unicamp

– Hilda na Casa do Sol, final dos anos 1990.
Págs 230 e 231 – Acervo pessoal/ Instituto Hilda Hilst – Hilda na sua casa em São Paulo, década de 1950.

© Direitos Reservados - Todos os esforços foram feitos para identificar o nome dos fotógrafos, a editora coloca-se à disposição para dar o crédito devido a quem não foi identificado.

CRÉDITO DAS FRASES

As frases incluídas nas páginas 26, 56, 65, 135 e 181 são de Hilda Hilst, e foram pesquisadas em entrevistas dadas pela escritora nos anos de 1977, 1986 e 1989, e podem ser encontradas na antologia *Fico besta quando me entendem* (org. Cristiano Diniz, Biblioteca Azul, 2013).

A frase da página 95 vem de entrevista dada em 1990 a Caio Fernando Abreu, republicada em *Pornô chic (Biblioteca azul, 2014)*.

A frase da página 89 foi extraída do livro *Fluxo-Floema*, de Hilda Hilst (Globo, 2003, p. 104), e a publicada na página 118 está em *Kadosh*, também da autora (Globo, 2002, p. 135).

Copyright © 2018 Laura Folgueira e Luisa Destri
Copyright © 2018 Tordesilhas

Todos os direitos reservados. Nenhuma parte desta edição pode ser utilizada ou reproduzida – em qualquer meio ou forma, seja mecânico ou eletrônico –, nem apropriada ou estocada em sistema de banco de dados, sem a expressa autorização da editora. O texto deste livro foi fixado conforme o acordo ortográfico vigente no Brasil desde 1º de janeiro de 2009.

EDIÇÃO Isa Pessoa
CAPA Cesar Godoy
IMAGEM DE CAPA Fernando Lemos
PROJETO GRÁFICO Cesar Godoy e Amanda Cestaro
REVISÃO Fernando Nuno/Estúdio Sabiá

1ª edição, 2018

Dados Internacionais de Catalogação na Publicação (CIP)
(Câmara Brasileira do Livro, SP, Brasil)

Folgueira, Laura Santos
    Eu e não outra : a vida intensa de Hilda Hilst / Laura Folgueira e Luisa Destri. – São Paulo : Tordesilhas, 2018.

ISBN: 978-85-8419-070-6

1. Escritoras brasileiras - Biografia 2. Hilst, Hilda, 1930-2004 I. Destri, Luisa de Aguiar. II. Título.

18-16923	CDD-928.699

Índices para catálogo sistemático:
1. Escritoras brasileiras : Biografia 928.699

2018
Tordesilhas é um selo da Alaúde Editorial Ltda.
Avenida Paulista, 1337, conjunto 11
01311-200 – São Paulo – SP
www.tordesilhaslivros.com.br

 /Tordesilhas

AGRADECIMENTOS

Para escrever este livro, tivemos apoio de muitas pessoas, tanto em sua origem, há mais de dez anos, quanto agora. Agradecemos a todos que acompanharam nosso interesse crescente por Hilda Hilst e o envolvimento cada vez maior com nossa pesquisa – em especial:

A todos os entrevistados que colaboraram com seu depoimento, nos confiando informações e materiais imprescindíveis para a existência do livro.

Ao Instituto Hilda Hilst e ao Centro de Documentação Cultural Alexandre Eulálio (Cedae), da Unicamp, pelo acesso ao material de pesquisa e às fotografias de Hilda.

A Luís Mauro Sá Martino, primeiro a acreditar neste projeto e em nossa capacidade como pesquisadoras a escritoras.

A Fabio Weintraub, que nos ajudou a ressuscitar esta ideia tantos anos depois.

A Isa Pessoa, editora incansável, que tornou esta publicação uma realidade, se colocando como parceira e apontando novos caminhos.

A nossas famílias, que serviram, em todos esses anos, como apoio e estímulo.

Este livro foi composto com as famílias tipográficas Celeste para os textos e Aliquam para os títulos. O miolo foi impresso sobre papel Norbrite pela EGB – Editora e Gráfica Bernardi, para a Tordesilhas Livros, em 2018.